生命保険契約への道しるべ

弁護士によるトラブル予防術

尾関博之 著

信山社

はしがき

　この本は，生命保険に関するトラブルを未然に防ぐことを目的に，これから生命保険に入ることを考えている方々や，すでに入っている生命保険を見直そうとしている方々に宛てて書いたものです。

　その中でも，とりわけ，生命保険のトラブルに巻き込まれることが多いといわれるシニア世代のかたや，そういった親御さんを持つ壮年層，そして，成人年齢の引き下げに伴い，親の同意なく単独で契約を結べるようになった18歳を含む高校生・大学生・専門学校生・社会人4，5年目までの若い皆さんにお読みいただきたいと思っています。くわえて，生命保険への加入や見直しを考えている会社のご担当者にも，お読みいただきたいと考えています。

　具体的なトラブル例をもとに，豊富なイラストや図表を使って，なるべく平易な言葉で解説を加え，トラブルを予防するためのヒントを掲げましたから，高等学校などで行なわれる金融教育のサブテキストとしてもご活用いただけるものと考えています。

　日本では，生命保険への加入割合が，世帯ベースで約90％といわれていて，とても高く，また，生命保険会社が新規に獲得する生命保険の件数は，1年間で1,719万件にも上ります（2023年度；生命保険協会「生命保険の動向2024年度版」4ページ）。これを365日で割り返すと，全国で1日当たり，実に約4万7,000件以上の生命保険が次々と生まれているのです。すごいですね。このような数字を見るだけでも，生命保険は，われわれ日本人にとって身近な存在であることは間

違いないでしょう。

　これだけ件数が多いと，生命保険に入る方々と保険会社との間で，多かれ少なかれトラブルが発生することは避けられません。実際，保険金を支払ってもらえないとか，保険会社から勝手に保険を解除されたといった苦情は，後を絶たないのです。私は，約11年間，生命保険協会の裁定審査会という生命保険にまつわる紛争を扱う組織で，トラブル解決のための仕事をしていましたが，トラブルに見舞われた当のご本人やご家族の大変な労力を目の当たりにし，心を痛めたものです。トラブル解決のための事後的な手段には，各種の申立てや裁判をはじめとしていくつかの手続がありますが，どのような方法をとるにしても，保険会社を相手に解決を図るためには，時間的にも，精神的にも，場合によっては金銭的にも大きな負担を強いられます。しかも，望みどおりの結果が得られるとは限りません。そこで，トラブルを事後的に解決するだけでなく，未然に防ぐことがとても大切になってきます。トラブルの予防です。

　一般に，生命保険とは別の領域でしばしば見られる種類のトラブルは，言った・言わないとの揉めごととか，一応は約束の内容を書面に残してはいても，自分に都合良く解釈できる曖昧な書きぶりだったり，その書面をお互いに確認することを怠ったりしたため，その内容について争いが生じるというものです。したがって，トラブルを予防するために大切な点として，当事者間での重要な約束事は口頭では済ませずに，明確な表現で書面に残し，双方の当事者があらかじめ内容を確認しておかなければならない，ということがよく言われます。

　ところが，生命保険ときたら，もうすでにきちんと書面化がされているのです。というのも，保険会社の側で，申込書を印刷し，契約内容をこと細かに書き込んだ「約款」という冊子まで用意し，手続きが

済んだら保険証券という証書を郵送してきます。ですから，約束事をきちんと書面に残しておくという，トラブル予防のために重要とされる方策は，もうすでに実行されているわけです。

にもかかわらず，どうしてトラブルが後を絶たないのかというと，それは，その生命保険の実際の内容と，加入した方の理解との間に，ギャップがあったからなのです。

そこで，この本では，生命保険の内容をなるべく正確にご理解いただくために，私が見聞したことや簡単な事例を交えながら，ギャップを埋めるために有益と思える材料をご提供し，目の前の生命保険に入るかどうかについて，意思決定のお役に立てるような工夫をしました。

生命保険に関するトラブルの原因は，素通りしてしまうような何気ない会話の中とか，全面的に保険会社や担当者に任せても大丈夫だという安心感の中に潜んでいることが多いものです。この本では，こういった見過ごされがちな事象にも目を向け，皆さんのご注意を喚起できるよう努めました。

ご提供させていただく法律知識や情報をヒントに，生命保険に関するトラブルを予防していただければ，これにまさる喜びはありません。

2025年2月

尾関博之

目　次

はしがき（*iii*）

第1章　生命保険の契約トラブルは予防するのが一番 ——— 1

ハンコを押す前にチェックしてみましょう／生命保険は契約／法律用語の「契約」は，日常の「約束」よりも範囲が狭い／契約が成立したらどうなる？／生命保険契約の権利と義務はなに？／生命保険のトラブルにはどのようなものがあるの？／トラブル解決の道筋／保険会社が，皆さんを裁判に訴えることは滅多にない／コラム①　保険会社が私たちに対して裁判を起こすことは絶対にないの？／「契約を結ぶ」・「契約を締結する」・「申込」・「承諾」／生命保険の法律トラブルは予防するのが一番／理由①　契約当時の事情が決め手／理由②　立証責任はあなたが負担／理由③　30年前の事実を証明するのは難しい／理由④　事後のトラブル解決はほんとうに大変／予備知識をヒントにトラブルを予防しましょう

第2章　皆さんと学ぶ予防の知識 ——— 15

I　紛らわしい用語を整理しておきましょう ——— 15

裁判官も弁護士も間違える生命保険の用語／保険・保障／保険料と保険金／コラム②　生命保険ってなに？／保険契約者って誰？保険会社は保険契約者じゃないの？／保険者と被保険者／保険金受取人／申込み，募集人が橋渡し

II　生命保険は銀行預金とは違います ——— 22

保険は集団の中の助け合い ——銀行預金ではありません／払った

目　次

保険料よりも，受け取る保険金のほうが少ないこともある／契約の期間が終われば，お金が戻ってくると思っていた／保険から「お金を引き出す」？――「利率変動型積立終身保険」のトラブル

III　生命保険は言葉がいのち　　　　　　　　　　　　　28

「論より証拠」が成り立たない生命保険――衣服や食べ物や住居との違い／「貯蓄性」ってなに？／「元本保証」されるの？されないの？／「使わなかった保険料が戻ってくる」？／すれ違いは永遠の課題だが…

IV　保険金が支払われない事由こそ大事！　　　　　　　37

支払われると思っていた保険金が支払われなかったというトラブルが，実に多い／責任開始期より前に発症した病気には保険金は出ません／責任開始期がいつかについては，例外がある！：がん保険の「90日ルール」／責任開始期については必ず確認を！／ぜんぶの手術が保障の対象とは限りません／手術保障についてお伝えしたい点①／手術保障についてお伝えしたい点②／入院したのに入院給付金が出ない？／常に医師の管理下で，治療に専念しなければ，保険金は出ません／保険会社は，主治医とは違う観点で，入院が必要だったかどうかを考える！／「病院」の意味もむずかしい！／治療を目的とした入院でなければ，保険金は出ません／ コラム③ ホスピスと緩和ケア／1回の入院で支払われる入院給付金には，日数の限度があることが普通／2回入院したのに，1回とカウントされてしまうケースがあります／何日間入院したら入院給付金が受け取れるかを確認しておきましょう／日帰り入院について考える

V　保険会社から保険を解除されることもある　　　　　　59

皆さまがた保険契約者のほうからは，いつでも解除できます！／保険会社が一方的に解除できる場合とは？／告知義務違反があったときには，保険会社は保険契約を解除できます／なぜ告知は重要？それは保険の本質にかかわることだから！／募集人へ口頭で

告知できるか？／口頭で健康状態を告げられた募集人は，なにもしなくてよいのか？／保険への極端な重複加入がある場合にも，保険会社が契約を解除することがあります／なぜ極端な重複加入はだめなのか？／加入する保険の数に上限や基準はあるの？

Ⅵ 「転換」には注意しましょう ―― 68

「転換」ってなに？／「転換」のトラブルは3つ／パターン① 前の保険が消滅するのを知らなかった／パターン② 前の保険と新しい保険の内容の違いを正しく認識しなかった／パターン③ 前の保険の積立金が新しい保険に充当されることを知らなかった

Ⅶ 保険料の支払漏れにまつわるトラブル ―― 74

保険料を支払い忘れた場合に，入っている保険がどうなるかを知っておきましょう！／1回未納になっても，それだけでは保険契約は無くならない／その翌月中にも払い込まれなかったら，無くなってしまいます！／保険会社は，保険料の未納に気づいたら，支払うよう皆さんへ督促をします／未納があっても容易には失効させないような，督促以外の仕組みもある／失効後の救済がある場合も／銀行口座の残高には注意しておきましょう！／督促活動が，実際には行なわれなかったらどうなる？

Ⅷ クーリング・オフ ―― 80

「クーリング・オフ」とは？／クーリング・オフは書面で行ないましょう！／コラム④ クーリング・オフは書面で行なわなければいけないのか？／クーリング・オフをするための記載用書面は，保険会社は送ってくれません！

第3章 実践しましょう・気をつけましょう ―― 87

Ⅰ 「約款」を読んでみましょう ―― 87

「約款」が使われる場面 ―― 鉄道を例に考える／「約款」とは？／約款の内容は，保険会社との間の契約になります／約款の内容

について保険会社と約束した覚えはないのに，契約になるのはなぜ？／約款の読解にチャレンジしてみましょう／どのような視点で読むか──保険金が支払われないのはどういう場合かに着目する／読み方のヒント①　約款の目次から，保険金支払についての箇所の目星をつける／読み方のヒント②　特に医療保険の場合は，できたら別表にもざっと目を通す／読み方のヒント③　保険会社に質問しまくりましょう！／コラム⑤「約款」にまつわるトラブルを予防する責任は，誰が背負わなければならないの？

II 健康状態の告知で気をつけること　　97

告知を軽んじてはいけません／でも，過剰に告知しすぎると保険に入れなくなってしまうのでは？／告知は保守的にやっておきましょう／でも，責任開始期より前に発症した病気には，保険金が出ないのでは？

III 被保険者の同意はきちんともらっておきましょう　　100

被保険者の同意ってなに？／被保険者の同意が要らない例外がある

IV 離婚したら，保険契約のケアをしましょう　　103

ケース①　あなたが保険契約者である場合／続柄のついた「妻・A子」という表示をどのように解釈すべきか？／離婚したら，保険金受取人の変更を検討しておきましょう／ケース②　あなたが被保険者の場合／保険法の定め　保険契約者へ保険契約を解除するよう請求できる！／被保険者から解除の請求をしても，保険契約者が解除しないときにはどうなる？

V 住宅ローンを借りるときに加入する「団体信用生命保険」の注意点　　109

「団体信用生命保険」とは？／「団体信用生命保険」も健康状態の告知が重要／住宅ローンを借り換えるときには，告知について特に注意／金融機関にできることはないのか／金融機関のスタッ

フは，告知の重要性を強く呼びかけてほしい

Ⅵ 契約者貸付制度を知っておきましょう ─────── *115*

契約者貸付をご存知ですか？／注意点①　契約者貸付は，将来の保険金の前借りであると考えましょう／注意点②　契約者貸付には利息がかかる／注意点③　返済期限（いつまでに返済しなければならないか）が定められていない／注意点④　契約者貸付の利用残高が増えると，保険が失効してしまう場合がある／コラム⑥　「自動振替貸付」制度も「契約者貸付」制度と性質は同じ／注意点⑤　介護保険負担限度額認定制度との関係

第1章
生命保険の契約トラブルは予防するのが一番

● ハンコを押す前にチェックしてみましょう

　もしかしたら，いまこの瞬間，あなたは生命保険の申込書を前にして，まさに署名をし，ハンコを押そうとなさっているところかもしれません。ちょうどタイミングがよかった！少しだけお時間を頂戴できませんか。そして，このページのチェックリストをお読みになり，当てはまる項目にチェックをしてみていただけませんか。

No	チェック内容	チェック	関連ページ
1	保険会社から将来受け取るお金（保険金）と，それまでに保険会社へ払い込むお金（保険料）の大小を，事前にチェックしていない。	☐	22ページ
2	これから自身が払い込んでいく保険料の全額が，すべて保険金の元手として積み立てられると思っている。	☐	22ページ
3	説明の中に理解できない言葉が出てきても，担当者へ質問せずに，そのままにしている。	☐	28ページ
4	保険金が支払われないのはどういう場合かを，約款や担当者を通じて確認していない。	☐	37ページ

第1章　生命保険の契約トラブルは予防するのが一番

No	チェック内容	チェック	関連ページ
5	責任開始期（いつから保険会社による保障が始まるか）について，確認していない。	☐	41ページ
6	健康状態の告知は，募集人へ口頭で行なっても大丈夫だと思っている。	☐	63ページ
7	これまで入っていた保険を見直して新しい保険に入ろうとしているのに，新旧保険の内容の違いをきちんと把握していない。	☐	68ページ
8	クーリング・オフをするための記入用紙は，保険会社が送ってくれるものと思っている。	☐	84ページ
9	約款を読んでいない。	☐	87ページ
10	契約者貸付に，利息が付くことを知らない。	☐	118ページ

　さて，チェックマークはいくつ付いたでしょうか。今から申し上げることは，ひょっとしたら皆さんを戸惑わせてしまうかもしれません。けれども，決して冗談ではありません。それは，1つでもチェックマークがあったなら，申込書にハンコを押すことを一時ストップし，その生命保険に入ってよいかどうかを，もう一度考え直してみることをお薦めします，ということです。

　では，まずは手始めに，生命保険の内容をきちんと理解していないと，あなたにどのような危険が待ち構えているかについて，本章でそのさわりをお話ししましょう。

● **生命保険は契約**

あなたが保険会社の担当者から勧誘されて、生命保険に入ったとします。このとき、その保険会社とあなたとの間には、「生命保険」という種類の「契約」が成立したことになります。

そんなこと知っているよ、とおっしゃる方が多いと思います。でも、ここで少し立ち止まってみましょう。契約が成立したということは、いったいどのようなことを意味するのでしょうか。そして、契約の成立に伴い、あなたの身にどのようなことが起きるのでしょうか。

● **法律用語の「契約」は、日常の「約束」よりも範囲が狭い**

「契約」とは何でしょうか。契約とは、簡単にいうと、約束のことです。同じ「約」という漢字が入っていますね。「約」の意味には、「取り決めをすること」「誓うこと」といった内容が含まれます。国語辞典の中には、「契約」の意味を「約束」と説明するものがあり、また他方で、「約束」の意味として「契約」の語を当てているものがあります。日常的には、この2つは同じことを指すものと考えてよさそうです。

しかし、法律用語としての「契約」は、日常用語として使われる「約束」とは少しニュアンスが異なります。法律上の「契約」とは、2人以上の人が、特に、お互いの間の「権利」と「義務」について約束することを意味します。この場合の「権利」とは、法律によって保護される利益のことをいいます。「義務」は「権利」の裏返しで、法律によって果たさなければならないとされている務めのことです。

つまり、法律用語の「契約」と日常の「約束」を比べると、約

3

束の対象が何であるかという観点からみて,「契約」のほうが,範囲が狭いわけです。

● 契約が成立したらどうなる？

　ということは,「契約が成立した」場合には,その当事者たちは,互いの相手方に対して,権利を持ち,義務を負うという関係に突入したことになります。そして,契約を守らないとき,言い換えれば,契約通りの義務を果たさないとき,一般的には,最終的に裁判所に訴えられ,法律に基づき裁かれて,損害を賠償するよう裁判所から強制されることもあります。まさに身の引き締まるような関係です。ですから,いったん成立した契約は,きちんと守らなければなりません。皆さんは,みずから進んで契約関係に入ることを選んだ以上,その契約に「拘束」されるのです。

　以上が,一般的にいって,「契約の成立」に伴い,あなたの身に起こる可能性がある出来事です。

　そして,保険会社との間のトラブルは,必ずといってよいほど,この権利と義務に関する揉めごとであるという点を,ご記憶にとどめていただきたいと思います。知らなかったでは済まされない場合だってあるのです。申込書に安易にハンコを押したり,申し込みをあせったりすることは,禁物です。

予防のヒント　生命保険は契約です。申込書に安易にハンコを押したり,申し込みをあせったりすることは,トラブルのもと！くれぐれも,じっくりと考えたうえで,その保険に入るか入らないかを決断しましょう。

● 生命保険契約の権利と義務はなに？

　それでは，生命保険契約で，皆さんにとっての権利と義務は，それぞれ何でしょう？

　まず，権利です。もし，あなたが不幸にもお亡くなりになったり，病気やケガに見舞われたりしたら，あらかじめ決めておいた人へ，保険会社から保険金を支払わせること。これが一番の権利です。それから，いちど入った保険は，よほどの理由がない限り継続すること。これも権利です。また，だまされたり，無理に強いられたりして，お金を強制的に払わされることのないこと。これも権利といえます。

　つぎに，義務は，あなたが保険会社に対して，保険料というお金（費用）を支払わなければならないということです。これが最大の義務です。「保険料」については，改めて16ページでご説明します。

● 生命保険のトラブルにはどのようなものがあるの？

　さきほど，保険会社との間のトラブルは，ほとんどが権利と義務に関する揉めごとであると申し上げました。

　では，具体的に，生命保険のトラブルには，どのようなものがあるでしょうか。主な例は，次のとおりです。

① 保険会社が，契約どおりの保険金を払ってくれない。ちゃんと，支払ってほしい。
② 保険会社から，保険契約を勝手に解除された。元に戻してほしい。
③ 保険会社の担当者から，契約内容について間違った説明を

受け，生命保険に入らされた。契約を無しにしてほしい。そして，これまで保険会社へ支払ったお金（保険料）を返してほしい。

これらの例からもお分かりのように，生命保険のトラブルは，皆さんの「権利」が邪魔された，そこなわれた，ということを内容とします。そこで，これを解決するために，皆さんの側から保険会社の側へ，ホコ先を向ける。それが，生命保険の典型的なトラブルなのです。

トラブル解決の道筋

さて，生命保険のトラブルを解決するためには，たいへんお手数ではありますが，皆さんの側から保険会社に対してアクションを起こさなければなりません。これには，いくつかの段階があります。

はじめの段階は，保険会社へ苦情を言うことから始まるのが普通です。そして，次に，保険会社と皆さんが直接に話し合いをしたり，専門の機関があいだに入って取りなしたりする段階がそれに続きます。それでも，なお解決しない場合には，最終的には，裁判に訴えることになります。裁判が，最後の解決手段です。もちろん，最初から裁判を起こすことは妨げられませんが，多くの場合，皆さんと保険会社との間で話し合いが行なわれることが多いといえます。

保険会社が，皆さんを裁判に訴えることは滅多にない

先ほどの①から③の3つの例は，保険会社が皆さんの「権利」

を邪魔したという主張です。

　それでは，反対に，皆さんが「義務」を果たさなかったことを理由に，保険会社が皆さんを裁判に訴えることはあるのでしょうか？

　答えは，「全くないとはいえないけれど，まず滅多にない」ということです。それはどうしてでしょうか。

　さきほど，皆さんにとっての最大の「義務」は，保険料というお金（費用）を支払うことであると申し上げました。

　じつは，仮に皆さんが，この「最大の義務」を果たさないことがあったとしても，保険会社は，さほど困ることはないのです。なぜかというと，もし，あなたが，一定の期間内に保険料を払わなかった場合には，その保険契約は，当然に効力を失いますよというルールが，契約の中に書かれているからです。

　保険会社は，一定の期間内に皆さんが保険料を払わなかった場合には，きわめて事務的に，ことを荒立てることなく，つまり，あえてトラブルにすることなく，淡々と契約を終了させるのです。これが，ある意味，保険会社流のトラブル回避術なのです。

コラム①　保険会社が私たちに対して裁判を起こすことは絶対にないの？

　それでは，保険会社が私たちを裁判に訴えることは絶対にないのかというと，そうとは言い切れません。

　もちろん，保険会社はどこも大きな会社ですから，大人げなく，小さな個人を訴えることについては，気がひけるでしょうし，よほどのことがない限りは実行しないと思います。

　けれども，ごく例外的に，保険会社が裁判を起こすことはあ

り得ます。
　その例は，保険金をだまし取ったような場合です。このような場合には，保険会社は，いったん支払った保険金を，あとから返せと請求するのです。もちろん，この本をお読みになっている皆さんは，保険金をだまし取るようなことをなさるはずはありません。しかし，世の中には，保険金詐欺がごくまれにあり，気づかずに保険金を支払った保険会社が，それを取り戻すために，裁判を起こすこともあるのです。

「契約を結ぶ」・「契約を締結する」・「申込」・「承諾」

　少しだけ言葉遣いに触れますと，「契約が成立する」のに先立って各人が行なう協力行為のことを，「契約を結ぶ」とか「契約を締結する」と呼びます（この２つは同じ意味です）。「契約を結んだ（締結した）」結果，「契約が成立する」というわけです。また，「契約を結ぶ（締結する）」ことは，一方の人が「申込」をし，相手方がこれに対して「承諾」するという２つの行為に分けられます。
　生命保険の例では，あなたが申込書にいろいろ記入し，ハンコを押して保険会社へ提出することが，「申込」に当たります。これに応じて，保険会社があなたに「保険証券」という証書を郵送してきます。この郵送自体が，保険会社による「承諾」なのです。

生命保険の法律トラブルは予防するのが一番

　生命保険に関するトラブルを長年間近に見てきて痛感することは，ほかの種類の契約，たとえば，物の売り買いやお金の貸し借りとか，マンションの賃貸といった契約にもまして，生命保険契

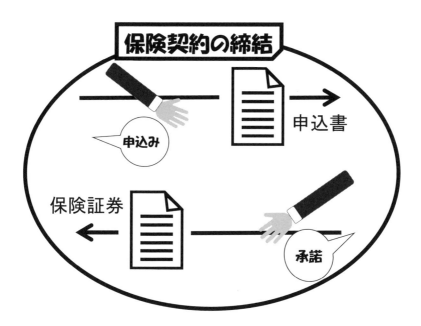

約は，トラブルが勃発する前に，より具体的には，契約を結ぶ前に，予防しておくことがとても大切ということです。このように感じる理由は，次のとおりです。

理由① 契約当時の事情が決め手

　まず，生命保険のトラブルは，保険会社と契約を締結した，まさにその当時の事情が，原因でもあり，また，解決の決め手にもなる場合が多いことです。

　しばしば現れるトラブルの原因の主張例を挙げれば，保険契約を結ぶにあたり，①保険会社の担当者からウソや間違いの説明を受けた，②契約の内容を間違って理解していた，③最近の健康状態を保険会社へ正直に告知しようとしたけれども，担当者から，そんなことは告知しなくてもよいと言われた等々。

　もし，これら①②③の事実が本当のことであって，しかもあな

たに落ち度のないことが明らかになれば，そのトラブルは，あなたにとって有利な方向に解決されることでしょう。

理由② 立証責任はあなたが負担

しかし，つぎに，これが重要なことですが，先ほど例示した事実が間違いなく本当であり，あなたに落ち度などなかったことを明らかにしなければならない責任は，多くの場合，有利な解決を望むあなた自身が負わなければならないのです。このルールは，事案のタイプごとに法律や過去の裁判により決まっています。

何かの事実を証拠に基づいて明らかにすることを，「証明する」とか「立証する」と呼びます。「立証（証明）」をするべき「責任」，略して「立証（証明）責任」は，多くの場合，あなたが負うのです。

理由③ 30年前の事実を証明するのは難しい

そして，生命保険契約は，とても長い期間を通して継続するという特徴を持ちます。保険会社との間でトラブルが勃発する時期は，契約が成立してから長期間経過後のことが多く，3，4年などはまだよいほうで，20年，30年後のトラブルもザラにあります。20年前，30年前のような昔の事実を立証することがとても難しいことに，異論はないでしょう。なにしろ記憶は薄らいでいますし，証拠も，仮に当時はあったのだとしても，既にどこかへ散逸してしまって，残っていないのではないでしょうか。

理由④ 事後のトラブル解決はほんとうに大変

最後に，トラブルを事後的に解決することはほんとうに大変

トラブルをあとから解決するのはたいへん！

で，多大な労力を伴います。ことに，トラブルに遭遇したあなたが，保険会社との交渉や，第三者を通じた話合いなどの結果に納得できず，最後まで争うとなったならば，最終的には裁判（訴訟）という手段に訴えでることになります。

けれども，これを最後まで戦い抜くことは，時間的にも金銭的にも過酷な負担を強いられます。しかも，相手は，組織と要員を固め，トラブルが発生した時の備えを日ごろから整えている保険会社ですから，きわめて手ごわいのです。疲弊したうえ，不満足な結果に終わるという事態も，大いに想定されます。これは大袈裟に言っているのではありません。

このように考えると，生命保険についてのトラブルは，なるべく起こさない，できるだけ契約を結ぶ前に予防しておくという観点が重要です。

● 予備知識をヒントにトラブルを予防しましょう

生命保険のトラブルを予防するためには，予備知識を持つことが大切です。

第1章　生命保険の契約トラブルは予防するのが一番

　というのは，生命保険のトラブルは，5ページでも書きましたように，相当多くの割合で，保険金が払われるものと思っていたのに，払えないと保険会社から言われたとか，受け取れる金額が想定よりも少ないという，いわば，期待が損なわれたというものなのです。そして，そのような境遇に置かれた方々は，そうであると最初から知っていれば覚悟はできていたのに，今さら言われるのは不意打ちだ，そのような危険があると教えられていれば，はじめからその保険になど入らなかった，だから保険会社は責任を取れと主張します。

　もちろん，このような不意打ちを皆さんへ与えないよう，保険会社の側が大いに工夫を凝らさなければならないのは，当然のことです。

　他方，保険会社の言い分としては，期待に添えず，落胆させてしまったかもしれないけれど，そのことは「約款」(後ほど第3章でお話ししますが，契約の一部です)をはじめとする説明資料の中にちゃんと書いてありますよ，というものです。両サイドの主張は平行線を辿ることが多く，容易には解決しないのが常です。そうであれば，保険会社の努力を待つのと同時に，私たち消費者の側でも，自衛策として，生命保険の予備知識を備えておくに越したことはありません。

> **予防のヒント**　自衛策として，生命保険についての予備知識を持つことが大切です。

　そして，そういった知識をヒントに，その保険に入る・入らないについての意思決定をすることが可能となります。というの

も，そういった知識をあらかじめ知っていれば，勧誘の説明や資料の内容も頭に入ってきやすいでしょう。知らない言葉が出てきたら，担当者へ「分からないから教えてくれ」と自信をもって言えるし，担当者に質問するポイントもつかめるでしょう。そしてそのことが，想定される不利益について，事前に理解することにつながるのです。

　この理解を前提として，そういった不利益に納得できなければ，あるいは，そのような不利益を好まないのであれば，目の前の生命保険に入らなければよいのです。

第2章
皆さんと学ぶ予防の知識

I 紛らわしい用語を整理しておきましょう

● 裁判官も弁護士も間違える生命保険の用語

　生命保険契約にまつわる用語はとても紛らわしくて，裁判官であっても，弁護士であっても，ときどき間違えたり混同したりします。しかし，これはある意味当然のことであって，生命保険契約に関する法律用語のほうが，常識的な意味をやや超えたものである場合や，法律用語ではないけれど保険業界特有のネーミングが，それ自体だけで理解しろと言われても，それは無理だよ，と感じる場合がしばしばあるのです。でも，せめて裁判官だけには，間違えてもらいたくありませんよね！

　ともあれ，保険会社の人とは違って，生命保険に日々接しているわけではない私たちが，保険に関する用語を知らなかったり，間違ったりするのは，むしろ当たり前なのです。

● 保険・保障

　まず，「保険」とはどういう意味でしょうか。「険」は「傾斜が急なこと」「けわしい」ということで，辞書によると，ここから「あぶない」「危険」という意味になります。「保」という漢字は「引き受ける」という意味を持ちます。ですから，「保険」とは，危険を引き受けるということになります。危険を引き受ける主体

が誰かというと,それは,皆さんが契約を結ぼうとしている相手である保険会社ですね。

つぎに,「保障」という言葉についてです。保険会社の担当者と話をしていると,「保障」という単語が頻繁に出てくると思います。本などで,生命保険の文脈における「保障」の意味をことさらに取り上げて解説しているものは,あまり見当たりません。ごく一般的な意味として使われていることは,間違いなさそうです。そこで辞書を見ると,「保障」とは「障害のないように保つこと」であり,「障害」は「さまたげ」のことです。したがって,「保障」とは,妨げ・差し障りが,ないように・起こらないように,保つこと・守ることといった意味です。たとえば,医療保障という言葉は,手術や入院といった医療を受けるにあたって,差し障りが起こらないよう,保険金を支払うことであなたを守る,ということになります。

保険料と保険金

それから,「保険料」と「保険金」の違いについて考えてみます。これは混同されることが最も多い用語です。最近,裁判官が判決文の中で,「保険料」と「保険金」を間違って使っているのを見つけました!

結論からいいますと,皆さんが保険会社に対して支払うお金を「保険料」と呼び,逆に,保険会社から受け取るお金を「保険金」と呼びます。

支払うほうである「保険料」と,受け取るほうである「保険金」を,混同しないようにするためのヒントの一つは,「料」という字に着目することです。たとえば,「使用料」とか「購読料」

という言葉がありますね。このときの「料」は，何かを使用したり購読したりするために，その対価となるお金を意味します。つまり，「料」は，何かのもととなるべき費用なのです。保険金を受け取るため，その元手としてもらうように，皆さんが費用として保険料を会社へ支払うのです。

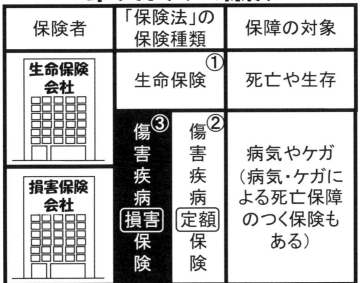

コラム② 生命保険ってなに？

これまで，「生命保険」がなにを指すのかについて，何の断りもなくこの言葉を使ってきました。ここで，この本で使う「生命保険」の内容をお話ししておきます。

最初に，法律上の保険の種類についてご説明しなければなりません。「保険法」という法律が保険の種類を定めています。

命やカラダに関する保険としては，

①　人の死亡または生存の保障を行なう「生命保険」
②　病気やケガのときに，一定額の保険金を支払う「傷害疾病定額保険」
③　同じく病気やケガのとき，実際にかかった損害や費用を補う「傷害疾病損害保険」があります。ちなみに，①の「生命保険」は，生命保険会社しか取り扱えませんが，ほかの2つは，生命保険会社と損害保険会社の両方とも取り扱えます。このことは「保険業法」という法律で決まっています。

そして，この本では，①の「生命保険」と，②の「傷害疾病定額保険」を2つあわせて，「生命保険」と呼ぶことにします（③以外ということです）。表の白い部分です。

保険契約者って誰？保険会社は保険契約者じゃないの？

今度は，登場人物をまとめましょう。

生命保険の説明資料には，「保険契約者」とか，単に「契約者」という言葉がたくさん出てきます。

「保険契約者」とは，保険料を保険会社へ支払う義務を負っている人のことをいいます。ほとんどの場合には，保険を申し込む人が保険契約者です。つまり，保険会社の反対側にいる人です。

ところで，「保険契約者」という言葉からは，保険契約を結びあう2人のこと，言い換えれば，申し込む側の皆さんと，承諾する側の保険会社の両方を指すようなニュアンスが感じられます。保険会社だって，契約の当事者であることには違いありませんね。

しかし，保険法という，保険のことを専門に定める法律があって，その中で，「保険契約者」とは，保険料を支払う義務を負う

人であると定義されています。つまり、保険会社は、法律用語の上では保険契約者ではないことになります。少し腑に落ちない面もありますが、ここは割り切って、法律どおりに受け入れておきましょう。

● 保険者と被保険者

「保険者」とは、保険を行なう側の主体をいい、典型的には保険会社です。

「被保険者」は誰でしょうか。「被」という字は受け身の側を示します。たとえば、「被害者」は、害を受ける側の人をいいますね。ですから、「被保険者」は、保険を受ける人、言い換えると、保険をかけられている人です。

それでは、保険をかけられている人とは、どのような人を指すのでしょう。それは、その人が亡くなったり、ケガや病気をしたりしたら、そのことに基づいて保険会社が保険金を支払うことになる、そういった人のことです。

● 保険金受取人

被保険者が不幸にも亡くなったり、ケガや病気をしたりしたら、保険契約にしたがって、保険会社が保険金を支払う相手方を、「保険金受取人」と呼びます。保険金受取人は、保険金を受け取る権利を持ちます。言い換えると、保険者（保険会社）は、保険金受取人へ保険金を支払う義務を負うのです。

ところで、いったん保険契約が保険会社との間で成立した後に、保険契約者を変更できるでしょうか？保険金受取人はどうで

しょうか？被保険者は？次のトラブル例をご覧ください。

> **トラブル例**　私は，保険契約者として，病気やケガで手術をしたら保険金がおりる保険に入っていて，夫を被保険者にしています。この春，一人娘が大学に入学し，親元を離れて遠方へ下宿することになったので，この子の病気が心配です。そこで，先ほどの同じ保険契約の中で，被保険者を，夫から娘に変えるよう保険会社に頼んだところ，ダメだと言われました。変更できないのですか？

　被保険者は，あとから変更できません。というのは，被保険者は保険をかけられている人であり，その人の年齢とか，性別とか，健康状態などに着目して，保険料の金額が決められています。つまり，いま入っている保険は，被保険者である夫専用の保険なのです。被保険者を途中で変更することは，年齢から，性別から，まるっきり異なる人に保険をかけることになりますので，今から娘さんに変えることはできません。新しい契約を結ぶ必要があります。

　いっぽう，保険契約者と保険金受取人は，法律や保険会社が定める必要な条件を満たせば，原則として，変更できます。

> **予防のヒント**　被保険者はあとから変更できません。保険契約者や保険金受取人は，原則として，あとから変更できます。

申込み，募集人が橋渡し

　保険を申し込むルートとして，最近インターネットによる保険会社への直接の申し込みが増えてきました。しかし，依然とし

て，保険会社の従業員（職員）や，保険の販売店を通じて申し込むことが多いのが現状です。

　皆さんに対して保険を勧誘したり，説明をしたり，申し込みの手続を手助けしたりする人は，「生命保険募集人」とか，単に「募集人」と呼ばれます。

　注意しなければならないのは，募集人は，保険契約の当事者ではないことです。さきほど，契約の当事者は，権利や義務の関係に立ち，契約に拘束されると申し上げました。しかし，募集人は，あなたの申込みを保険会社へ伝達する役目にすぎません。つまり，橋渡し役を演じる人なのです。

　このことは，たとえば，銀行の窓口で生命保険を申し込むときであっても同じです。対応してくれた銀行員や，銀行という会社

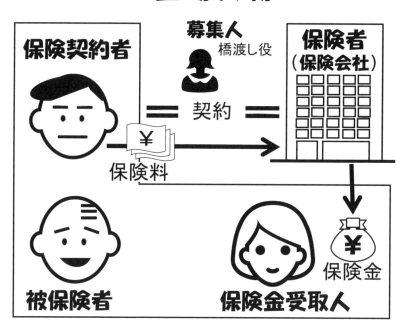

そのものは，保険契約の当事者ではなく，橋渡し役にすぎないのです。保険の販売店も同様です。

これまで出てきた用語と登場人物をまとめると，前ページの図のようになります。

Ⅱ 生命保険は銀行預金とは違います

● 保険は集団の中の助け合い —— 銀行預金ではありません

生命保険は銀行預金と同じであると思っていたというトラブル，また，全く同じではないけれど，同じようなものであると思っていたというトラブルは，本当にたくさん見られ，後を絶ちません。

トラブル例　10年前，生命保険に入った時に，募集人から，私がこれから払っていく毎月2万円の保険料は，将来のために保険会社の中で積み立てられると説明されました。このたび，どうしてもまとまったお金が入り用になったので，途中ではありますが契約をやめ，今まで払った保険料を使おうと思い，保険会社へ問い合わせました。ところが，今まで払った保険料が240万円もあるのに，100万円ほどしか返せないと言われました。どういうことでしょう？

私たちがまず認識しておかなければならないことは，保険契約者が保険会社へ払う保険料は，その全額が積み立てられるわけではないことです。

これは，保険の仕組みにかかわることです。

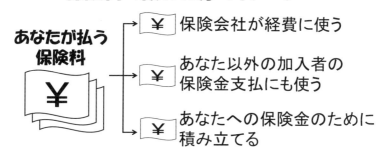

　第1に、保険会社は、皆様がたたくさんの保険契約者から集める保険料のうち、まずは、会社の経費として、一定の金額を差し引きます。なぜ経費として差し引くのかというと、保険会社は日々の事業活動のためにお金（経費）を必要としますが、その必要なお金を賄うには、保険料収入から充当する以外に方法がないからです。

　第2に、保険料から経費を差し引いたあとに残る金額も、その残額ぜんぶが、あなたのためだけの積み立てに回るわけではないことです。残額のうち一定の部分は、ほかの保険加入者が亡くなった場合などのための保険金を、保険会社が支払う元手の一部となっているのです。

　言い換えると、皆さんが支払った保険料は、皆さんのためだけに使われるのではなく、ほかの加入者のためにも使われるのです。つまり、保険に入っている人たちの集団の中で、助け合いが行なわれる、これが保険の特徴の一つです。

　ですから、この点からいって、生命保険は預金ではありませんし、銀行預金のようなものと表現することも適切ではありません。これは、どんな種類の保険についてもいえることです。

第2章 皆さんと学ぶ予防の知識

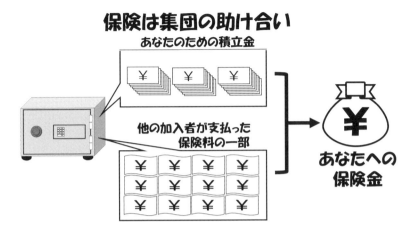

予防のヒント　保険は銀行預金とはまったく違います。あなたが支払う保険料の全額が，あなたのために積み立てられるわけではありません。一部は，保険会社の経費として使われますし，ほかの保険加入者のためにも使われます。

● 払った保険料よりも，受け取る保険金のほうが少ないこともある

　生命保険は銀行預金と同じである・同じようなものであるという勘違いによって起こるトラブルを，もう少し見てみましょう。

　1つめは，最後の最後に支払ってもらえる保険金の金額が，それまでにあなたが保険会社へ支払い続けてきた保険料の総額よりも，少ないケースです。さきほど22ページで見たトラブル例は，契約の途中でやめたときに，保険会社から戻ってくるお金が少ないというものでしたが，今回は，契約がめでたく満了した場合です。

> [トラブル例] 10年前に入った養老保険という保険の期間が終わり，契約通り，満期保険金500万円を受け取りました。ところが，よくよく計算してみると，私がこの10年間に払ってきた保険料の合計額は564万円であることが分かりました。保険金のほうが少ないことに不満です。

　銀行預金は，原則として，額面の金額は減りません。
　しかし，生命保険は預金ではありませんので，満期保険金が，払い込んだ保険料の総額よりも少ない場合がありえます。あらかじめ保険契約を結ぶ際に，もらえる保険金と，もらえるまでに払い込む保険料の総額を，比較しておくことが重要です。

> [予防のヒント] 満期保険金は，受け取る時点までに払い込む保険料の合計額よりも少ない場合があります。申し込む前に，満期保険金の額と払い込む保険料の合計額を，比較しておきましょう。

● 契約の期間が終われば，お金が戻ってくると思っていた

　2つめは，生命保険を定期預金であると取り違えたことによるトラブルです。しばしば見かけます。

> [トラブル例] 定期保険という生命保険を続けてきました。20年間の契約期間が終了したので，満期保険金がおりると思い，保険会社へ電話したところ，「保険金はありません」と言われました。定期保険は，定期預金とは違うのですか？

　同じ「定期」という言葉が使われていても，「定期保険」と

「定期預金」が同じであるとは考えないようにしましょう。

「定期保険」の「定期」とは，保険会社が保障してくれる期間が，一定期間に限定されるという意味です。つまり，この一定期間の中で被保険者が亡くなれば，保険金がおりますよ，ということです。反対に，被保険者がご存命のまま，この期間を経過すれば，それで契約は終了となり，戻ってくるお金はありません。つまり，満期保険金はありません。

申し込む保険に，満期保険金があるかどうかは，事前にきちんと確認しておきましょう。

> 予防のヒント　これから入ろうとする保険に満期保険金があるかどうかを，事前に確認しましょう。

保険から「お金を引き出す」？——「利率変動型積立終身保険」のトラブル

「利率変動型積立終身保険」と呼ばれる，複雑な保険にまつわるトラブルをご紹介します。この保険は，今でこそ，ほんの数社だけが販売しているものですが，2000年代前半まで，主力商品として，多くの保険会社が販売に注力した保険です。

トラブル例　募集人から，「利率変動型積立終身保険」では，契約期間の途中で，積立金から必要に応じてお金を引き出せるし，積み増しもできると言われました。そこで，インターネットで手軽に操作できることもあって，株式の運用や相続などのために，入出金を何度も繰り返しました。ところが，数年後，ふと，出金直後のつど自動送信されてくるメールの中に，出金時の控除額（手数料）について記載があ

るのを見つけたので，過去にさかのぼって計算してみたら，この引かれた手数料だけで約50万円にも達していました。こんなに引かれると知っていれば，積立金からの出金などしませんでした。

　ちなみに，勧誘時の資料には，表のような説明が掲げられています。積立金からの出金取引に際して，大きな金額の手数料（控除）が差し引かれるのは，契約成立後おおむね3年未満に限られることが多いようです。したがって，「利率変動型積立終身保険」の販売が少なくなった今では，すでにこの種のトラブルは，あまり多くはないかもしれません。

「利率変動型積立終身保険」の注意書きの例

積立金には貯蓄機能がありますが、ご契約後3年未満の引き出しに対し、所定の控除があることなど、一般の預貯金とは異なります。

【会社所定の控除率】

ご契約後1年未満の場合	6パーセント
ご契約後1年以上2年未満の場合	4パーセント
ご契約後2年以上3年未満の場合	2パーセント

　けれども，少なくなったとはいえ，いくつかの保険会社による販売はまだ続いていますから，「利率変動型積立終身保険」を契約するにあたっては，注意が必要です。それに，今後，保険から自由にお金を引き出せるような仕組みをうたい文句にする保険が，新たに現れないとも限りません。

　そこで，私たちは，保険からお金が引き出せる場合には，どの

くらいの手数料がかかるのかを，あらかじめチェックしておくことが望ましいでしょう。

> **予防のヒント**　お金が引き出せるような保険では，出金する際に，どのくらいの手数料（控除額）が引かれるのかをあらかじめチェックしておきましょう。銀行のATM手数料よりずっと高いかもしれません。

III　生命保険は言葉がいのち

●「論より証拠」が成り立たない生命保険 ── 衣服や食べ物や住居との違い

　ふだん私たちが，衣服や食べ物をお店で買ったり，アパートを借り，あるいは，マンションや戸建て住宅を購入したりするのと，生命保険に入ることとの違いは何でしょうか。

　いろいろ見つかると思いますが，その中で特徴的な一つは，衣服や食べ物や住居が，モノであり，目で見て，触って，食べることができるのに対し，生命保険は，五感で実物を確認できない点です。つまり，「論より証拠」が及ばない，衣服や食べ物とはまったく別世界のシロモノ，それが保険なのです。

　では，どうやって私たちが生命保険の内容を知り，契約を申し込むのかというと，それは，もうすべて，言葉に頼るしかないのです。保険契約を申し込むまでの過程は，言語コミュニケーションの連続です。

　ですから，私たちは，募集人の発する言葉や，保険会社が作っ

た資料に現れる言葉を，きちんと理解する必要があります。言葉の理解が不十分だったり，解釈にすれ違いがあったりすると，思わぬトラブルに発展します。

そうです。生命保険は言葉がいのちなのです。では，解釈のすれ違いから生じるトラブルを見てみましょう。

「貯蓄性」ってなに？

はじめに「貯蓄」という言葉を取り上げます。なぜかというと，生命保険について書かれた本や，保険会社の資料などに出てくる場合の「貯蓄」という言葉と，ふだん私たちが使っている「貯蓄」という言葉との間に，意識されることは多くはないけれど，実は意味のギャップがあると感じられるからです。

皆さんは，「貯蓄」という言葉から，どういう意味を連想しますか。私などは，お金をコツコツ貯め，それを蓄えることであり，引き出すことさえなければ，貯めてきたお金は減ることはなく，利息はつかないかもしれないけれど，当然，残高は維持されるもの，というイメージを持ちます。「タンス預金」という言葉もありますよね。

でも，生命保険の世界では，そうとは限らないようです。次の例をご覧ください。ふたたび，「利率変動型積立終身保険」に登場してもらいます。

トラブル例 私は，20年以上前に利率変動型積立終身保険に入り，保険料の払込期間が満了したので，葬式代くらい自分で貯めておこうと考え，終身保険プランへ移行しました。「終身保険」には貯蓄性があるとインターネットや生命保険の本に書いてあったし，募集人から

第2章　皆さんと学ぶ予防の知識

も「この保険は，保障も貯蓄もある」と言われたからです。ところが，最近，保険会社からのハガキを見たところ，死んだら20万円しか保険金が出ないと知ってビックリしました。今まで，総額で200万円以上も保険料を払ってきたのですから，同水準の保険金がなければおかしいと思います。

　「終身保険」というのは，終身，つまり，亡くなるまで一生涯ずっと保障があるという保険で，被保険者が亡くなったら死亡保険金が出ます。

　ここで，しばしば見かけるのが，「終身保険には貯蓄性がある」という表現です。たしかに，保障が一生涯つづくということは，金額の大小はともあれ，いくばくかの保険金は，いずれ必ず払われるということを意味します。ですから，「貯蓄性」という言葉を，保険金は全くゼロというわけではない，少しは貯められている，との意味にとらえれば，右のような例でも，貯蓄性アリといえなくもありません。

しかし,「貯蓄」とは,貯めてきたお金の残高くらいは維持されることだ,というとらえ方からは,右の例で,貯蓄性ありと言うことは到底できないでしょう

ですから,「貯蓄」とか「貯蓄性」という言葉が出てきたら,理解に行き違いのないよう,それがどのような意味で使われているかを,募集人に,必ず確かめましょう。そのうえで,保険金の金額を具体的に尋ねておきましょう。

それと,「○○保険」イコール「貯蓄性あり」といったストレートな決めつけも,とても危険です。そのためにも,「貯蓄性」という言葉が出てきたときには,その内容に十分気をつけましょう。

> 予防のヒント 「貯蓄性」には要注意!保険会社から,いくらが支払われるのかを,必ず契約前に確認しましょう。その際,あなたが保険会社へ支払うことになる保険料の合計額と,保険会社から受け取る保険金の額を,比較しておきましょう。

● 「元本保証」されるの?されないの?

次は,「元本(がんぽん)保証」です。

この言葉が勧誘時の説明に出てきたら,理解に行き違いがないよう,どのような意味で使われているかを,募集人へ確かめなければならないことは,さきほどの「貯蓄性」と同じです。

もっとも,「元本」というのは,どうやら保険業界の慣例として,支払済みの保険料総額,つまり,ある時点に至るまで,あなたが保険会社へ支払う,または,これまで支払ってきた保険料の

合計額の意味として使われることが多いようです（でも，ちゃんと確認しておいてくださいね）。なお，私は，個人的に，保険料のことを「元本」と呼ぶのには，反対です。といいますのも，元本という言葉を使ってしまうと，皆さんが支払う保険料が，まるで銀行預金と同じであるかのような錯覚を与えるような気がするからです。ともあれ，ここでは，保険料の合計額という意味として使っていきましょう。

　問題となるのは，「保証」という言葉です。「保険料の合計額が『保証』される」ということは，一体どういう意味なのでしょうか。次の2つのトラブルをご覧ください。いずれの例でも，募集人は，「元本保証」があると言っていますが，トラブルの生じた原因は，微妙に異なるようです。

トラブル例　私は，募集人からの「元本保証があるから安心です」という勧誘を信じて，オーストラリアドルの外貨建て保険に入り，一時払い保険料5万ドルを支払いました。しかし，3年経過してこれを解約したところ，3万5000ドルしか戻ってきませんでした。

　このトラブルでは，保険会社から払われるお金のうち，なにが元本保証されているかが，不明ですね。会話に主語がありませんから。もし実際に，募集人が「元本保証があるから安心」としゃべって勧誘したとしたら，それは説明不足であり，募集人として失格だと思います。でも，私たちは，自衛のため，最低限の知識を持っておこうとしているのでした。

　保険会社から払われるお金は，大きく分けると2つです。1つは保険金。もう1つは，生命保険を解約したときに払われる解約

返戻金（かいやくへんれいきん）というお金があります。この解約返戻金は，保険によっては，払われない契約もあります。ですから，「元本保証」の対象となっているお金はどちらなのか，それとも両方なのか，という観点から問い返してみることが大切です。さっきの例ですと，募集人が元本保証されると言った，その対象は保険金だけだったのでしょう，きっと。でも，解約返戻金については，元本保証されなかったのです。

> 予防のヒント 「元本保証」には要注意！保険会社から払われるどういうお金が「元本保証」されるのかを確認しましょう。保険金でしょうか？それとも解約返戻金でしょうか？

では，次はいかがでしょう。

トラブル例 私は，母から，3年前に「保険金は，元本保証があります」と募集人に言われて，アメリカドル建ての外貨建て保険に入ったと聞きました。その際，一時払い保険料5万ドル・日本円換算で750万円を支払ったそうです。先日，母が亡くなり，保険金受取人である私が保険金を受け取りました。たしかに金額は5万ドルでしたが，為替レートの関係で，日本円にしたら600万円にしかなりませんでした。元本は割れているのではないでしょうか。

この例では，「保険金は，元本保証があります」と募集人が言っていますから，元本保証の対象が，保険金であることは間違いないようです。

しかし，元本保証される金額が，日本円なのか，それともアメ

リカドルなのか，それが大問題です。なぜならば，為替レートは毎日変動しているからです。もしアメリカドルとして元本保証されるとしたら，受け取った保険金額を日本円に換算したときに，これまで保険会社へ払った保険料＝元本の日本円の金額よりも，少なくなることだって大いに考えられますよね。

たとえば，一時払い保険料5万ドルを払った時の為替レートが，1ドル＝150円だったら，150円×5万ドル＝750万円を出費したことになります。これに対して，保険会社から保険金が払われた時のレートが，1ドル＝120円になっていたら，120円×5万ドル＝600万円にしかなりません。つまり，ドルとして5万ドルが元本保証されているとしても，日本円では元本が減ってしまったのです。

ですから，外貨建て保険とよばれる契約では，「元本保証」と言われても，安心は禁物です。必ず，「それは，日本円で保証されているのですか」と，尋ねてみましょう。

> **予防のヒント** 外貨建て保険で「元本保証」と言われた時には，「それは，日本円で保証されているのですか，それとも，外貨で保証されているのですか？」と，必ず尋ねるようにしましょう。

「使わなかった保険料が戻ってくる」？

最近，入院や手術について保障する，いわゆる医療保険で，「使わなかった保険料が戻ってきます！」とうたうものを，いくつか見かけるようになりました。幸いにして，まだ大きなトラブルを耳にしたことはありませんが，想像をたくましくして，起こ

るかもしれないトラブルを考えてみます。

トラブル例 20年前の40歳の時に，募集人から「使わなかった保険料が戻ってくる保険で，入院・手術が保障されます」と勧誘されました。なんでも，60歳になったら，その時までに払った保険料の総額から，受け取った保険金を差し引いた金額が，「健康祝い金」として戻ってくるのだと説明されました。そこで，すすめられるがまま，通院とか，がんの診断の保障などと一緒に申込み，計180万円を保険料として支払いました。おかげさまで，20年間病気一つしなかったため，保険料の全額180万円が戻ってくるものと楽しみにしていたところ，3分の2の120万円しか戻ってきませんでした。どういうわけでしょう？

　皆さんは，生命保険の世界で，「主契約」と「特約」という言葉を聞いたことがありますか？「主契約」とは，文字通り，柱となる主要な契約をいいます。これに対して，「特約」というのは，主契約による保障を充実させるために付け加える契約をいいます。

主契約は，それ単独で契約することができます。一方，特約は，それのみでは契約できず，必ず主契約とセットで契約しなければならないとされています。

　さて，右の例は，主契約の保険料は契約通りに戻ってきたけれど，特約の保険料が戻ってこなかったケースです。パンフレットなどの説明を注意深く読むと，「戻ってくる保険料には，特約の保険料は含まれません」と書かれているのに気づきます。つまり，戻ってくる主契約の保険料は，20年間で120万円だったのですが，通院やがんの診断の保障として付け加えた特約の保険料が60万円で，これが戻ってこなかったのです。

> **予防のヒント**　最近見かける「使わなかった保険料が戻ってきます」という保険では，主契約の保険料は戻ってきますが，特約の保険料は戻ってこないことが多いようです。戻ってくるのは，特約を含む全部の保険料ですか？ と質問しましょう。

■ すれ違いは永遠の課題だが…

　生命保険はカタチが見えないので，「論より証拠」は成り立ちません。そこで，その内容を理解するためには，言葉によるしか方法がありません。

　しかし，私たちが，日常生活でしばしば痛感するように，言葉だけによるコミュニケーションって，じつにむずかしいのです。それが，話し言葉であれ，書き言葉であれ。

　ですから，少しでも分からない言葉や，腑に落ちない表現が出てきたら，トラブル予防のためにも，分かったつもりになった

り，分かったフリをしたりせずに，必ず，募集人や保険会社に問い合わせることが大切です。

> 予防のヒント　少しでも分からない言葉がでてきたら，「それはどういう意味ですか」と必ず募集人へ質問しましょう。分かったつもりは危険です！

Ⅳ　保険金が支払われない事由こそ大事！

● 支払われると思っていた保険金が支払われなかったというトラブルが，実に多い

　私たちが保険に入るときは，「手術や入院を手厚くサポートします」とか，「三大疾病の充実保障！」といったうたい文句にひかれて，その保険に入るかどうかを検討し始めますね。

　私たちは，「そうか，こういうときに保険金がおりると安心だな」と考えて，保険に加入します。（保険金が支払われるための条件のことを，「保険金が支払われる事由」とか，縮めて「支払事由」と呼ぶことがあります。）

　しかし，ちょっとだけ待ってください。支払われるものと思っていた保険金が，支払われなかった！というトラブルは，実に多いのです。勧誘のときには，おもてだっては出てこないことが普通ですが，保険金が支払われる事由の陰に隠れた，保険金が「支払われない事由」がたくさんあるのです。そのような事由にどんなものがあるか，代表例を知ってからでも，保険を申し込むのに遅くはありません。一緒に見ていきましょう。

● 責任開始期より前に発症した病気には保険金は出ません

　この種のトラブルが最も多い，病気を保障する保険を例にとります。

　保険会社が皆さんを保障する義務を負うスタートの時期を「責任開始期」とか「責任開始日」といいます。つまり，責任開始期以降にかかった病気が保障されるというわけです。反対に，責任開始期よりも前にかかった病気については，保険会社は保障してくれないのが大原則です。

　ところで，8ページで，契約の成立というお話をしたのを覚えていらっしゃいますか？皆さんが「申込み」をして，保険会社が「承諾」をしたら，保険契約がめでたく成立するのでした。

　けれども，皆さんは，保険に入る際，健康状態の告知を済ませ，申し込むのと同じタイミングで，1回目の保険料を支払うことが多いはずです。お金をただちに支払っているのに，その時点から保障がされないなんていうことはおかしいですよね。

　そこで，保険会社は，原則として，承諾によって契約が成立した場合には，健康状態の告知が済んで，かつ，1回目の保険料を受け取ったなら，その時点にまでさかのぼって保障をスタートすることにしました。これが責任開始期です。（なお，1回目の保険料支払い時期とは無関係に，保障をスタートする保険もあります。）

　責任開始期と保障との関係は，意外と難しいものです。トラブル例をごらんください。

　トラブル例　私は，医療保険の申込み前日に腰を痛め，インターネットでどうにか告知と申込みを済ませ，第1回の保険料も振り込みました。痛みがどうにもひかず，1か月後に入院したところ，椎間

板（ついかんばん）ヘルニアと診断され，手術までしました。後日，保険会社から，手術給付金と入院給付金の対象外だと告げられました。入院と手術は，責任開始期より後のはずですが…。

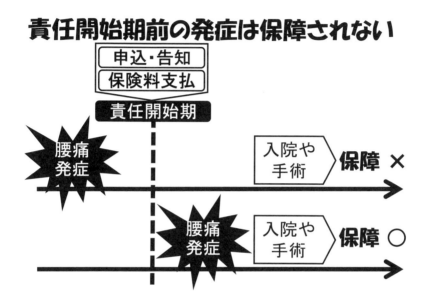

このトラブル例では，入院や手術そのものは，責任開始期よりも後になされています。しかし，その原因となった腰痛が発症したのは，責任開始期よりも前のことでした。

このように，医療保険などにおいて，入院や手術といった保障の対象が，責任開始期以降のことであったとしても，原因となった病気が，責任開始期よりも前に発症したならば，その入院や手術は保障されないのです。

このことは，契約の中の，つぎのような文言から導かれるとされています。病気による入院を保障する保険の例を挙げます。3行目をお読みください。

> （入院給付金を支払うのは）被保険者が，次の要件のすべてを満たす入院をしたとき
> ・責任開始期以後に発病した疾病を直接の原因とする入院

　「疾病」は病気のことです。つまり，「責任開始期以後に発病した」病気を原因とする入院には，入院給付金を支払いますが，責任開始期よりも前に発病した場合には，支払いませんよ，ということです。先のトラブル例では，これに基づき，給付金の対象外となったのです。

　こういった「責任開始期よりも前に発病した病気には，保険金をいっさい支払いませんよ」という基準は，あまりにも厳しすぎるという批判が，以前にはたくさんありました。そこで，最近では，保険会社によっては，少しゆるい運用をしたり，契約の中に別の要件を設けて，厳しさを緩和したりすることも多くなっています。

　とはいえ，必ずしも緩和措置が取られない場合もありますし，責任開始期より前の発病のすべてが，こういった緩和措置の対象になるわけではありません。ですから，責任開始期よりも前に発生した病気やケガには，保険金が支払われないのが原則だという点は，心にとどめておいてよさそうです。

> **予防のヒント**　責任開始期よりも前に発生した病気やケガには，保険金が支払われないのが原則です。

● 責任開始期がいつかについては、例外がある！：がん保険の「90日ルール」

少し前の説明で、責任開始期（保障がスタートする時期）は、原則として、告知が済んで、1回目の保険料が支払われた時だ、と申しました。

ところがやっかいなことに、これには例外があるのです。代表例は、がん保険です。

トラブル例 私は、がんと診断されたので、1か月前に入ったがん保険からおりるはずの診断給付金を請求しました。ところが、保険会社は、まだ責任が開始していないから払えないと言っています。私のほうは、告知もしましたし、ちゃんと1回目の保険料を支払っているのに、なぜですか？

がん保険に特有のルールとして、告知と第1回の保険料支払いがそろったとしても、それだけで保険会社による保障がスタートするのではなく、その時点から90日間が過ぎて、はじめて保障がスタートするという取り決めが置かれています。ここでは、「90日ルール」と呼んでおきましょう。

これはなぜかというと、がんにかかったとうすうす感じている人が、駆け込みでがん保険を申し込むことを防ぐためです。

右の例では、がん保険に入ったのは1か月前のことで、まだ90日間は過ぎていないため、保障はまだスタートしていなかったのです。

おそらく、がんを保障する保険には、例外なくこのルールが定められているはずです。ですから、がん保険といえば、この「90日ルール」を思い出すようにしておくのがよいといえます。

がん保険には「90日ルール」がある！

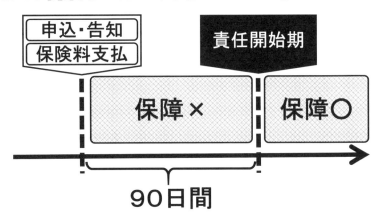

> **予防のヒント** がん保険の保障のスタート時期（責任開始期）は，ほかの生命保険とは違います。90日間が経過しなければ，保障はスタートしません。この「90日ルール」を記憶にとどめておきましょう。

● 責任開始期については必ず確認を！

責任開始期（保障がスタートする時期）の例外は，がん保険だけではありません。

最近の生命保険をいろいろ見てみると，健康状態の告知を簡便に行なえるかわりに，責任開始期を，90日どころか，もっと長く，1年間遅らせるといったものがいくつかあるようです。そして，今後もこのような保険が，新発売されるかもしれません。

したがって，念のため，がん保険ではなくても，責任開始期がいつなのかについて，事前に確認しておいたほうがよいでしょう。

> **予防のヒント** 責任開始期(保障がスタートする時期)がいつからかについて,保険契約を申し込む前に必ず確認しておきましょう。

● ぜんぶの手術が保障の対象とは限りません

次は手術のお話です。

手術を保障する保険に入って安心していたのに,手術を終えて保険金を請求したところ,保険金の支払い対象ではないと保険会社から告げられて,トラブルに発展する例も,しばしば見かけます。

トラブル例 私は,手術保障のある医療保険に入ってから,「親知らず」(埋伏歯 まいふくし)のひどい歯痛に悩まされていました。そこで,先日歯科医院で抜歯手術を受けましたが,思いのほか時間がかかり,歯科医師も「こんなに抜きにくい『親知らず』は,初めてだった」というほどの,たいへんな手術でした。ところが,保険会社は,保障の対象外だから手術給付金は支払えないと言います。こんなにつらい思いをしたのに,納得がいきません。

ほとんどの医療保険では,「親知らず」の抜歯手術は手術保障の対象とはなっていません。

もともと,手術給付金の対象となる手術の種類は,保険会社があらかじめ決めて,契約(約款)の一覧表に掲げていることが多いといえます。この一覧表に掲げられていない手術には,手術給付金が支払われないのです。

ここで,皆さんにお伝えしたいことは,2つあります。

ぜんぶの手術が手術保障の対象とは限らない！

例：親知らずの抜歯手術

※親知らずの手術が保障される保険も，まれにあります。

● 手術保障についてお伝えしたい点①

　まず，将来，受けることになるかもしれない手術の全部が，手術給付金の対象となるわけではないことを，申し込む前に，ご認識いただきたいということです。もちろん，将来，受ける可能性のある手術なんて，無限大に広がるのですから，ひとつひとつ，可能性を考えてつぶしていくことはたいへんですし，心痛のタネになるだけでしょう。ですので，申込みの段階では，ぜんぶの手術が保障の対象とは限らないこと自体を，ご認識いただくだけで，まずは十分と思います。

　そのうえで，気になる手術があれば，それが保障の対象かどうかについて，募集人や保険会社に尋ねてみましょう。

● 手術保障についてお伝えしたい点②

　つぎに，保険に入って手術を受けた後に，もし，保険会社から「手術給付金の対象とはなりません」と言われたならば，その根拠を明確に質問しておくとともに，対象に当てはまる可能性は絶対にないのか？と問いただしてみましょう。

といいますのも，抜歯の例では，保険の種類や入った時期によっては，例外的に，手術給付金の対象となる場合があるとホームページに書いている保険会社も，実際にあるからです。もしかしたら，「対象にはなりません」という保険会社の回答が，勘違いである可能性もないわけではありません。

> **予防のヒント**　ぜんぶの手術が，手術給付金の対象になるわけではありません。申し込む前に，このことは十分に認識しておきましょう。また，もし実際に手術を受けて，手術給付金の対象にならないと言われたら，その理由を質問しましょう。

● 入院したのに入院給付金が出ない？

　支払われると思っていたのに，支払われなかった！というトラブルは，入院を保障する保険でとても多いので，次に，これを中心にお話しします。この種類の保険の名前には，「医療保険」とか「入院保険」などというものがありますが，もちろん，別の名前の保険であっても，入院が保障されていれば，以下のお話は共通です。

● 常に医師の管理下で，治療に専念しなければ，保険金は出ません

　皆さんが運悪く病気やケガで入院するとき，主治医の先生からの指示やすすめによることも多いと思います。
　けれども，主治医の先生から「入院したほうがよいですよ」と言われて入院したにもかかわらず，保険金（「入院給付金」ともい

います）が出ないことがあるのです。お医者様の言葉を信じて入院したのにもかかわらず，その入院に保険金が出ないとは，いったいどういうことでしょうか？

|トラブル例| 私は，自宅でクリーニング店を営んでいます。先日首を痛め，指にしびれも出たため，病院で診てもらったところ，頚椎椎間板（けいついついかんばん）ヘルニアと言われました。主治医は，車で通院するのは難しいだろうし，仕事にも支障をきたすだろうから，入院したらどうかとおっしゃったので，その勧め通りに入院し，20日間病院にいました。入院期間中，3日ほど，仕事の関係で外出したことがあります。治療は日に1，2回のけん引で，時々注射を打ちました。退院後，入院給付金を請求したところ，保険会社は，約款の「入院」に該当しないから払えないと言ってきました。

　保険会社の言っている，「約款の『入院』に該当しません」とは，いったいどのような意味なのでしょうか？主治医の勧めに従った「入院」と，約款の「入院」とは違うのでしょうか？
　その答えは，「違うこともある」です。
　主治医は，一般的には，患者さんの具体的な症状や，個人的な事情を考慮しながら，入院させる・させないの判断をするものと思います。
　これに対して，保険会社は，このような「入院」は，入院給付金の支払の対象とする「入院」とは限らない，と言うのです。その道筋を追っていくと，次のとおりです。
　まず，保険会社は，「入院」をきっちりと定義づけます。ちょっと長いのですが，大切ですから，保険会社の「約款」による「入院」の定義を以下に引いておきます。なお，「約款」について

は，また後ほどご説明します。

> 「入院」とは，医師による治療が必要であり，かつ，自宅等での治療が困難なため，病院または診療所に入り，常に医師の管理下において治療に専念すること

なんだかむずかしいですね。はじめの，「医師による治療が必要」というのは文字通りの意味です。

そのつぎの，「自宅等での治療が困難」から，終わりの「医師の管理下において治療に専念」までの意味は，平たくいうと次のような感じです。つまり，家で薬を飲んでいれば治るような，あるいは，通院でも治せるようなケガや病気で，わざわざ入院したって，その入院には保険金を支払いませんよ，入院する病院のお医者様のもとで，ずーっと，治療だけに集中して，はじめて，保険金の支払い対象となる入院と呼べるのです，ということです。

でも，疑問がわきます。さきほどのクリーニング屋さんの例では，入院を勧めたのは主治医の先生です。つまり，医師として，自宅や通院での治療が難しいから，入院して治療したほうがよい，という判断をしたのです。なにがいけないのでしょう。

● **保険会社は，主治医とは違う観点で，入院が必要だったかどうかを考える！**

それは，保険会社の考え方（そして，それは裁判所の考え方でもあるのですが）が，「一般的な医学の水準」にもとづいて判断す

「約款」の入院は解釈が難しい

入院を勧めます。　主治医の先生

入院しました

退院後…
それは、約款の「入院」に該当しません。　約款

るという立場に立っているからなのです。主治医ご自身が、患者さんの具体的な症状や、個人的な事情を考慮して、入院すべきだと判断したとしても、客観的に、「医学の水準」に照らして、入院不要であると一般的にいえれば、その入院に保険金は支払われないのです。

　先ほどの例ですと、保険会社は次のように考えたはずです。首のけん引や注射は、「医学の水準」からみると通院でも可能な治療だ、バスやタクシーでなら通院できたはずだし、入院中に3度外出していることからみると、治療に専念したとはいえない…。このケースで、保険会社として、保険金の支払い対象としての「入院」に該当しないと判断したことは、無理からぬことかもしれません。

> 予防のヒント　入院保険では，主治医に勧められた入院でも，保険金が出ないことがあります。

● 「病院」の意味もむずかしい！

　それから，ややこしいことに，「病院」「診療所」についても，ひとすじ縄ではいかないのです。保険会社が定める入院先の定義を挙げておきましょう。

> 「病院または診療所」とは，医療法に定める日本国内にある病院，または，患者を入院させるための施設を持つ診療所をいいます。

　これもむずかしいですね。
　ここでのポイントは，「医療法」に定める病院（診療所）のところです。例で見てみます。

トラブル例　私の母は，脳梗塞で倒れ，後遺症のため要介護状態になって，「介護老人保健施設」（老健）に入り，在宅復帰を目指していました。幸いに3か月ほどで，家に戻ることができました。そこで，入っていた保険で，この3か月分の入院給付金を請求したところ，「病院」ではないため給付金は出ませんと言われました。なぜですか？

　お母さまが入られた「介護老人保健施設」（老健）というのは，要介護の高齢者にリハビリなどを提供して，在宅復帰を目指す施設のことをいいます。いわば，自宅と病院との中間的な施設で

す。

　問題となるのは，「介護老人保健施設」という施設が，「医療法」という法律で定められているものではなくて，これとは別の「介護保険法」という法律で決められている施設であることです。なんと，介護保険法には，ごていねいに，「介護老人保健施設は，医療法にいう病院又は診療所ではない」ということまで書かれています（106条）。

　保険会社は，さきほどの「医療法に定める」病院という定義に照らして，介護老人保健施設は病院ではないため，給付金は支払えないと判断したのです。

> **予防のヒント**　入院保険では，入院先が，医療法に定める病院や診療所でなければ，入院給付金は受け取れません。

病院とまぎらわしい施設

名前	介護医療院	老人保健施設	介護老人福祉施設（特別養護老人ホーム）
性格	要介護高齢者の長期療養・生活のための施設	要介護高齢者にリハビリ等を提供し，在宅復帰を目指す施設	要介護高齢者のための生活施設
根拠法	介護保険法		介護保険法 老人福祉法

　ご参考までに，約款でいう「医療法上の病院・診療所」とまぎらわしい施設を，表で整理しておきます。

● 治療を目的とした入院でなければ，保険金は出ません

さらに契約では，入院給付金が支払われる入院は，「治療」を目的としなければならないと定められています。

> **トラブル例** 私の妻は，出産をするため，出産前後に合計で5日間ほど病院に入院しました。幸い，高血圧症や合併症にかかることなく，また，無事，正常分娩でした。保険会社へ入院保険金を請求したところ，治療を目的としていない入院だったから，入院保険金は支払えないと言われました。

出産に伴う入院に関連する入院給付金のトラブルは，しばしば見られます。妊娠・出産に際してかかった病気を治療する目的があったとか，帝王切開をしたといった事情があれば別ですが，正常分娩でご出産された場合には，仮にたいへんな思いをされた出産であったとしても，病気やけがの治療とはいえないため，入院給付金の支払い対象とはならないことが原則です。

ほかにも，入院保険金が支払われない入院の例として，治療を伴わない人間ドックのための入院や，美容関連の処置をするための入院などがあります。

> **予防のヒント** 入院給付金が支払われるためには，治療を目的とする入院でなければなりません。たとえば，正常分娩・美容整形・健康診断としての人間ドックなどの入院に対しては，入院給付金は支払われないのが原則です。

> **コラム③** ホスピスと緩和ケア
>
> 　しばしば現れるのが，「ホスピス」です。ホスピスとは，たとえば，がんになった方々の緩和ケアを行なう施設のことをいいます。この「ホスピス」は，法律の言葉ではありません。
>
> 　さて，入院給付金の支払との関連で，まず問題となるのは，その「ホスピス」が，医療法上の病院なのか，それともそうではないのかという点です。これは，入院する施設にきいて確認するしかありません。
>
> 　しかし，さらにやっかいな問題があります。それは，仮にそのホスピスが医療法上の病院に当たる場合であっても，そこで行なわれる「緩和ケア」が，約款の定める「治療」に該当するかどうか，という点です。入院給付金が払われるためには，「治療」を目的とする入院でなければなりません。「緩和ケア」は，病気を抜本的に治すことを目的としませんが，痛みを和らげるのを目的とすることは確かです。痛みを和らげることは，治療でしょうか，それとも治療ではないのでしょうか？
>
> 　一つの考え方として，その緩和ケアが，公的な医療保険の仕組みの中で，診療報酬の点数表に基づき，緩和ケア診療加算とか，緩和ケア病棟入院料とか，点数の付くお薬が処方されたといった場合には，治療であると考えてよいように思います。病院で発行してくれる領収書に記載される点数です。なお，がん治療では，緩和ケアは，手術・放射線治療・抗がん剤治療に続く第4の治療法と考えられているようです。

1回の入院で支払われる入院給付金には，日数の限度があることが普通

入院保険の問題にあと少しだけお付き合いください。

1つ目は、1回の入院で支払われる入院給付金には、多くの場合、日数の限度があることです。つまり、長く入院したときに、その全部の期間に対して、入院給付金が支払われるとは限らないのです。これもトラブルの多いケースです。もっとも、保険によって、限度日数の決め方はまちまちなので、典型例でお話ししましょう。

　トラブル例　私は、交通事故で骨折するなど大ケガをして、80日間も入院し、退院後、入院給付金を請求しました。ところが、保険会社からは「1回の入院で支払える入院給付金は、60日が限度となっています」と言われ、支払ってもらえたのは60日分だけで、残りの20日分は支払ってもらえませんでした。どうしてですか？

　ケガや病気の入院を保障する入院保険では、多くの場合に、1回当たりの入院で支払われる入院給付金に、日数の限度を設定しています。よくあるパターンが、「60日タイプ」とか「120日タイプ」と呼ばれるもので、契約に書かれています。皆さんは、保険を申し込んだ時の手続書類で、日数のタイプに丸印をつけているはずです。
　右のトラブルでは、きっと「60日タイプ」を選択していたのでしょう。それで、60日を超える入院には、保険金が支払われなかったのです。
　なお、がん入院保険といった、がんによる入院を専門的に保障する入院保険では、限度日数を設けていないものが多いといえます。

> **予防のヒント** 1回の入院で支払われる入院給付金には，通常，日数の限度があります。60日・120日・180日などがその例です。あらかじめ確認しておきましょう。

2回入院したのに，1回とカウントされてしまうケースがあります

次の問題は，2回以上入院したにもかかわらず，これが合算されて，1回の入院としてカウントされてしまう場合があることです。

トラブル例 私は，高血圧症のため，10日間入院しました。その後，退院しましたが，体調がすぐれず，退院1週間後に，高血圧を原因とする心臓発作を起こして救急搬送され，手術をするなどして，60日間入院しました。2回で合計70日間分の入院給付金がもらえると思い，退院後に請求したところ，60日間分しか払ってもらえませんでした。保険会社に理由を尋ねたところ，この2つの入院は，1回の入院とみなされるから，1回当たりの限度日数の60日分しか支払えないのだ，と説明されました。何を言っているんだかよく分かりません。

入院保険の契約をよく見ると，同じ病気を原因とする入院を2回以上した場合を，どのように扱うかについて，以下のような定めが置かれています。文言を，少しわかりやすく変えています。

同じ病気や，関係がある病気が原因だと2回の入院も1回としてカウント
例：高血圧症と心臓疾患

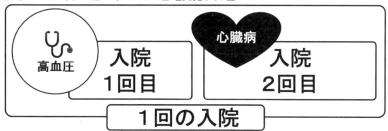

> 同一の病気により入院を2回以上した場合には，それらの入院を1回の入院とみなします。（注）医学上重要な関係がある病気は，名前が異なっていても，「同一の病気」として取り扱います。

　さきほどのトラブル例では，1回目の入院は，高血圧症が理由でした。そして，2回目の入院も，高血圧症を理由とする心臓疾患が原因でした。ですから，これらの入院は2回とも，おなじ高血圧症を原因とする入院であったといえます。

　そこで，保険会社は，契約にしたがって，この2つの入院を1回の入院としてカウントしたのです。

　なお，2回の入院の間隔が，90日とか，180日より長く空いていれば，1回ではなく，別々にカウントする，つまり2回の入院として扱うという契約のルールが，一般には多いといえます。もっとも，これも保険によってまちまちなので，申し込む前に確認しておく必要があります。

> **予防のヒント** 入院を2回以上した場合であっても，同一の病気が原因であったり，それぞれの原因が，医学上重要な関係のある病気であったりする場合には，1回の入院としてカウントされます。あらかじめ注意しましょう。もっとも，それぞれの入院の間隔が長いときには，別々の入院としてカウントされることもあります。

● 何日間入院したら入院給付金が受け取れるかを確認しておきましょう

短い期間の入院について，お話ししましょう。

最近では，一般に，入院日数は短くなってきている傾向があります。そこで，入院1日目から保障されます！といううたい文句の保険が多いので，あまり問題にはならないかもしれませんが，念のため，短い期間の入院についてもケアしておくにこしたことはありません。

何日間入院したら入院給付金が受け取れるかという観点から，入院保険を分類しますと，次のようなタイプがあります。

① 日帰り入院から受け取れる「日帰り入院タイプ」
② 継続して2日以上入院した場合に，1日目から受け取れる「1泊2日タイプ」
③ 継続して5日以上入院した場合に，5日目から受け取れる「5日目からタイプ」

このうち，③「5日目からタイプ」は，現在の新商品としては

見かけず、また、最近では、①「日帰り入院タイプ」が多いといえます。「日帰り入院」とは、入院した日と、退院した日が、同じ日である入院を指します。

このうち、①「日帰り入院タイプ」と、②「1泊2日タイプ」では、いずれも、言葉のうえでは、1日目から入院給付金が受け取れますが、②では、1泊以上しなければ受け取れない、つまり、日帰り入院では受け取れないので、ご注意ください。

● 日帰り入院について考える

最後に、日帰り入院だと思っていたのに、保険会社から「入院ではない」と言われてトラブルになる例をご一緒に見て、入院保険をおしまいにしましょう。

トラブル例 私は、近くのクリニックで、日帰りの白内障手術を受けたので、日帰り入院だと考え、以前入った入院保険の入院給付金を請求しました。申し込みの時に、この保険は「日帰り入院タイプ」だと説明されて契約したのです。ところが、保険会社は、「入院ではないため支払えません」と言って譲りません。どういうことですか？

白内障の手術など日帰りで終わる手術を受けた場合に、入院給付金を請求したのに、保険会社から支払ってもらえなかったというトラブルも、しばしば見かけます。

入院給付金が支払われるかどうかは、その日帰りの手術が、「入院」によるものであったのか、それとも、「外来」による手術に過ぎなかったのか、の違いにあります。もし、入院によるものであった場合には入院給付金が支払われますが、外来の手術だっ

た場合には支払われません。

　では，入院による手術なのか，それとも，外来による手術なのかを区別する基準は何でしょう。

　それは，手術を受ける医療機関が，患者さんを入院させるためのベッドなどの施設を持っているかどうかが決め手の一つです。医療法という法律で，20人以上の患者さんを入院させるための施設を持っているものが「病院」と決められています。また，「診療所」は，19人以下の患者さんを入院させるための施設を持っているか，または，入院施設をまったく持っていない医療提供施設のことをいいます。病院か，または入院施設を持つ診療所の入院施設で，日帰り手術を受けたら，入院給付金の対象となります。

　先ほどのトラブル例では，日帰りの手術を受けたクリニックが，入院施設をまったく持っていなかったと思われ，それを理由として，保険会社は入院給付金の支払いに応じなかったのです。

日帰りの手術で入院保障されるか

例　白内障の手術

医療機関の種類	医療法の定め	保障される？
病院	20人以上の患者を入院させる施設を持つ（ベッドなど）	入院施設での手術のとき，入院給付金の対象
診療所（クリニック，医院も）	19人以下の患者を入院させる施設を持つ	入院施設での手術のとき，入院給付金の対象
	患者を入院させるための施設を持たない	入院給付金の対象にならない

ちなみに、保険会社が、入院ではなかったと判断した材料は、医療費の領収証だったと考えられます。もし、「日帰り入院」だったとしたら、この領収証の「入院料」や「入院・外来（の別）」の欄に、点数をはじめ、入院だったことが分かる記入がされるのです。

> 予防のヒント　日帰りの手術をする場合には、手術を受ける医療機関によって、入院給付金の対象になる場合と、ならない場合があることを、あらかじめ知っておきましょう。

V　保険会社から保険を解除されることもある

　これからしばらくの間、保険会社から生命保険が解除される場合についてお話ししていきます。

● 皆さまがた保険契約者のほうからは、いつでも解除できます！

　「解除」というのは、契約関係にある人たちのどちらか１人から、契約を一方的に打ち切ることをいいます。ずいぶんと乱暴なようにも思えますね。
　契約というのは、少し前にもお話ししましたように、基本的には約束のことですから、いったんした約束は、一方的に破ることはできないことが原則です。たとえば、「民法」という、法律の親玉みたいな法律でも、解除をすることができる場合を狭く限定

しています。

　ところが，こと保険の世界では，いったんした約束はいつまでも続けなければならないという原則をつらぬくと，不都合がおきることがあります。たとえば，皆さんが生命保険に入ったけれど，もうこの保険は要らないな，と思ったときに，自由にやめられないのでは困りますよね。要らない保険に，いつまでも保険料を払うのではたまりません。

　そこで，保険法という法律は，保険契約者（皆さんのことです）は，いつでも保険契約を解除できる，と定めているのです。

> **予防のヒント**　皆さまがた保険契約者は，いつでも保険契約を解除することができます。やめたいと思ったら，保険会社に気兼ねなく，いつでも一方的に保険から抜けることができます。保険会社に拘束されることはありません。

保険会社が一方的に解除できる場合とは？

　それでは保険会社が皆さんに対して，一方的に保険契約を解除できるのは，どのような場合でしょう。約束は一方的には打ち切ることができないという原則に基づいて，よほどの例外的な事情のない限り，保険会社側が保険契約を一方的に解除することはありません。

　そのよほどの例外的な事情として，いくつかの場合を法律は定めていますが，よくトラブルになる身近なパターンは2つです。

　1つは，皆さんが保険契約を申し込む際に，健康状態を告知する義務があったにもかかわらず，その義務違反があったとき。も

う1つは，普通では考えられないほどたくさんの保険契約に重複して加入したとき。順に見ていきましょう。

● **告知義務違反があったときには，保険会社は保険契約を解除できます**

　皆さんが保険を申し込むとき，健康状態の告知をするよう求められることと思います。「告知書」と呼ばれる用紙や，タブレット端末などの画面の書式に，いくつかの質問が書かれていて，それに答える，あれです。よくある質問の項目としては，「最近3か月以内に，医師の診察・検査・治療・投薬を受けたことがありますか」というものや，「過去5年以内に，次の表の病気で，医師の診察・検査・治療・投薬を受けたことがありますか」といったものがあります。

　この「告知」はとても重要です。ありのままを答えなければなりません。もし，わざと，あるいは，ひどくうっかりして，事実と異なることを答えた場合には，そのことを理由に，保険会社から契約を解除される場合があります。

> **予防のヒント**　健康状態の告知は非常に重要です。ありのままを答えましょう。そうでないと，保険会社から契約を解除されることもありえます。

● **なぜ告知は重要？それは保険の本質にかかわることだから！**

　では，健康状態の告知は，なぜ重要なのでしょうか。それは，

保険制度の大元にかかわる理由です。

　保険というのは，将来の突然な死亡とか病気によって，たとえば，一家の大黒柱が働けなくなって収入が途絶えてしまうような事態や，入院などの出費がかさむ場合などに備えて，加入するものです。けれども，保険に入るときには，このような深刻な事態の起こることが，あらかじめ分かっているわけではありません。これらの事態は，契約時点では，いつ起きるかや，そもそも起きるかどうかさえも予想できない，将来の偶然の出来事といえます。

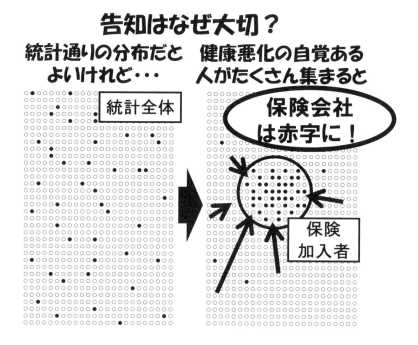

　でも，保険を申し込む前に，もし，健康状態が既に悪化しているという自覚があったとしたら，どうでしょう？本来は，遠い将来の，万が一のことであるはずの事態が，近い将来の確実な出来事になっていますよね。そういった自覚のある人たちが，たくさ

んの割合で，保険金を目当てに保険に入ったら，保険会社は赤字になって，保険制度が成り立たなくなるでしょう。

　というのも，保険会社は，あらかじめ膨大な統計データを使い，年齢別とか性別ごとに，毎年単位で，死亡したり，病気になったりする標準的な確率を計算しているからです。そして，これに基づいて，将来いくら保険金を払うことになるか，それに見合う保険料がいくらかを算出しているのです。

　ですから，保険会社としては，保険金目当ての加入者に保険に入ってもらっては困るわけです。

● **募集人へ口頭で告知できるか？**
　では，告知義務違反に伴う，とても多いトラブルのパターンをご紹介しましょう。

[トラブル例] 私は，ここ数年来，変形性膝関節症という病気に悩まされ，数か月に1回，病院で注射を打ってしのいできました。先日，保険会社から手術保険への加入を勧められたので，それに応じて加入しました。その際，募集人に対して，「ときどき膝に注射を打っている」と口頭で告げたので，それで告知についてはこと足りたと考え，告知書の質問には，膝のことを答えませんでした。その後，悪化した膝の手術を受けて，手術給付金を請求したところ，保険会社から，告知義務違反を理由に契約を解除され，給付金も支払ってもらえません。

　このトラブルは，膝の治療を受けているという事実について，告知書という書面の上で質問に答えなければならなかったのに，口頭で募集人に伝えたにすぎず，告知書には何も書かなかったという例です。

実は，これまでの裁判からいっても，また，現在の実務から見ても，募集人に対して健康状態を口頭で伝えただけでは告知をしたことにならず，告知書の中で質問に答えなければならない，というのが慣わしとなっています。

ですから，告知は，必ず，告知書の中で，その質問に答えなければなりません。

保険を勧誘される時の保険会社の説明資料の中にも，よく見ると「募集人には，告知受領権がありません」と書かれているのが見つかります。これは，募集人は，健康状態の告知を受けることができないので，口頭では済ませずに，告知書で質問に答えてくださいね，というメッセージなのです。

> **予防のヒント** 募集人に対して健康状態の告知を口頭でしたとしても，それは告知として扱われません。告知書の質問に答えることにより，告知をしてください。

● 口頭で健康状態を告げられた募集人は，なにもしなくてよいのか？

けれども，もし募集人が，このトラブル例のように，あらかじめ被保険者から口頭で膝の治療を受けていると告げられていたにもかかわらず，「告知書の中の質問にもきちんと答えて，膝の治療のこともちゃんと書いてくださいね」というアドバイスをまったくしなかったとしたら，それは許されるのでしょうか。

私は，おおいに疑問に思います。「私に対して健康状態の告知をしてもらっても，それだけでは告知をしたことにならないので

すよ，だから告知書でも応答してください」とひとこと言えば済むのに，それすら言わないことは，信義に悖ると思います。いえ，それだけではなく，極端な場合には，告知することを妨げたりしたと評価されても，おかしくはないと思うのです。法律の偉い学者先生たちの中にも，このような考え方を支持するかたがいらっしゃいます。

　でも，くれぐれもご注意ください！皆さんが募集人に対して口頭で健康状態を告げた事実そのものや，告知書で応答してくださいというアドバイスを募集人がしなかった事実自体を，立証しなければならない責任は，皆さんが負担するのでした。10ページでご説明したとおりです。募集人が自白しなければ，言った・言わないという争いにおちいることになります。

● 保険への極端な重複加入がある場合にも，保険会社が契約を解除することがあります

　では，つぎに，保険会社からの契約解除に関する2番目の問題として，普通では考えられないほどたくさんの保険契約に重複して加入したとき（保険への極端な重複加入）について見ていきます。

　トラブル例　私は，それぞれ別々の保険会社で，合計16個の入院保険に入っています。先般，交通事故に遭って1か月間入院したことから，各保険会社へ入院保険金の請求をしたところ，その中のある保険会社から，「極端な重複加入で，保険金が過大になっているため，保険契約を解除します，入院給付金も支払いません」という通知をもらいました。どうしてでしょうか。

　保険契約者が，普通では考えられないほど沢山の保険に加入し

第2章　皆さんと学ぶ予防の知識

た場合には、保険会社が一方的に保険契約を解除する場合があります。この決まりは、約款の中で定められていて、右のトラブルにもこの決まりが適用されたのです。

● なぜ極端な重複加入はだめなのか？

では、保険にたくさん重複して加入したら、どうして保険会社から一方的に解除されるほどの強いペナルティを受けなければならないのでしょうか？

その理由は、保険というものは、病気や事故に見舞われて、予定外の出費をしたとか、収入が途絶えたといった損失をまかなうものだという点が制度の根本にあるからです。なのに、損失の何倍もの保険金を受け取ることは、それによって損失が埋め合わされるにとどまらず、利益を得ることになります。こうなっては、保険制度を揺るがすことにつながりかねません。保険制度は、お金儲けのためにあるのではないのです。

さきのトラブル例では、16個の入院保険に加入しているとのことです。1日当たりの入院給付金が1万円だとすると、1日入

院しただけで16万円，1か月入院したら，実に480万円ものお金を保険会社から受け取ることになります。これはいくらなんでも，多すぎるでしょう。大部屋への入院がイヤで，少し高めの個室に入ったとしても，やはり1日当たり16万円はもらい過ぎですよね。ましてや，1か月で480万円の保険金は，不労所得と言われても仕方ないと思います。

> **予防のヒント** 普通では考えられないほどたくさんの保険契約に重複して加入したら，保険会社から保険契約を解除される場合があります。極端な重複加入は避けましょう。

● **加入する保険の数に上限や基準はあるの？**

よく質問されるのが，「じゃあ，何個までなら許されて，何個からはダメなのですか」という点です。

でも，残念ながら，一定の基準はありません。

過去の裁判の中には，7個や8個の保険加入の場合に，保険会社による解除を認めた例がある一方で，12個でも保険会社からの解除を認めなかった例があります。その人の職業や収入や生活ぶりとか，借金を返済する目的が疑われるかとか，重複して加入した期間が短期間であるかどうかといった，個別のいろいろな事情を考慮して，解除することがOKかどうかを判断しているのです。

この裁判の態度は理解できますよね。たとえば，お給料で生活しているのではない個人事業主であれば，入院してしまったら収入の途が途絶えるので，入院給付金の額を高めに設定することは

頂けます。他方，サラリーマンは，有給休暇もありましょうし，傷病手当金の制度が使える場合もありますから，純粋に入院にかかる費用だけを補てんできればよいという考えに傾きやすいといえます。

VI 「転換」には注意しましょう

　生命保険にまつわるトラブルの中で，ひときわ多いのが「転換」に関するトラブルです。実に多い！そこで，皆さんには，この「転換」について是非とも知っておいていただきたいのです。

● 「転換」ってなに？

　保険会社は，皆さんのいろいろなニーズに応じて，各種の保険商品を開発しています。けれども，保険契約の期間は長いため，いったん入った保険は，時代遅れの保障になってしまうこともあるでしょうし，あるいは，保険契約者自身の生活も変化して，もはやニーズに合わなくなってしまうことも考えられますね。

　でも，いったん加入した前の保険を，時代遅れになったとか，もうニーズに合わないからといった理由で解約して，ゼロから新しい保険契約に入るというのでは，皆さんにとって余計なお金がかかってしまいます。

　どうして解約するとお金が余計にかかるのかというと，それは，皆さんが保険契約を解約すると，保険会社は，23ページでご説明した「あなたのための積立金」から，一定の費用（お金）を差し引くからです。

　そこで，この不利益を避けるため，もともと入っていた前の保

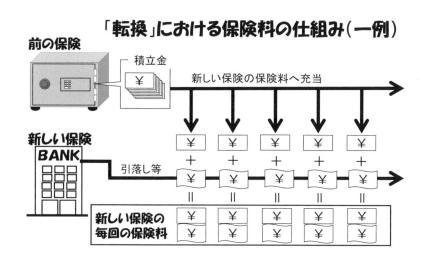

険を解約せずに消滅させ，それと同時にそれまでの「あなたのための積立金」を，新しく加入する保険契約に充当するという方法が考案されました。

これが，「転換」制度です。車の下取りにたとえられることもあります。「転換」も，もちろん契約です！

もともと入っていた前の保険で積み立てられたお金が，新しい保険へ引き継がれるので，その分，新しい保険のために支払う保険料は，ゼロから入る場合と比べて，積立金の分だけ安くなるといえます。もっとも，前の保険の「あなたのための積立金」が使われるだけなので，あなたが得をするというわけではありません。

● 「転換」のトラブルは3つ

「転換」に関する典型的なトラブルのパターンは，3つです。初めにまとめておきますと，①もともと入っていた前の保険が消滅するなんて知らなかった，②前の保険と新しい契約の内容の違

いをきちんと認識していなかった，③前の保険の積立金が新しい保険に充当されるなんて知らなかった，というものです。

> **予防のヒント** 転換のトラブルのパターンは3つ。
> ① 前の保険が消滅するのを知らなかった。
> ② 前の保険と新しい保険の内容の違いを正しく認識しなかった。
> ③ 前の保険の積立金が新しい保険に充当されることを知らなかった。

順番に見ていきます。

パターン① 前の保険が消滅するのを知らなかった

「転換」をすると，もともと入っていた前の保険は消滅します。この点には気をつけましょう。

|トラブル例| 私は，募集人から勧められ，10年前に入った保険を転換して，新たに別の保険に入りました。先日病気で入院したので，前の保険と新しい保険の両方についていた入院保障で，両方とも入院給付金がもらえると思い，保険会社へ請求したところ，新しい保険でしか入院給付金がもらえませんでした。

そもそも「転換」というのは，もともと入っていた前の保険をやめて，新しい保険へ入り直そうという目的のために作られた制度です。ですから，前の保険を続けることは前提とされていません。前の古い保険は，新しい保険に入るのと同時に，消滅するのです。それにもかかわらず，前の契約が継続するという誤解が多

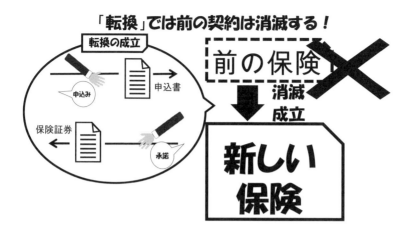

く見られます。ご注意ください。

> 予防のヒント 「転換」をすると，もともと入っていた前の保険は，消滅して無くなります。

● パターン②　前の保険と新しい保険の内容の違いを正しく認識しなかった

　前の保険が消滅すること自体はご存知であっても，新しい保険との違いを正しく認識していなかったために生じるトラブルは，とても多く見られます。

　保険業法という法律で，保険会社が「転換」を薦める場合には，前の保険と新しい保険との内容をきちんと比較対照して，申込者に提示しなければならないと定めています。なお，私の経験からは，募集人はこの比較資料を説明資料として用いていることが多いという印象ですが，どの程度きちんと口頭で補足して説明しているのか，疑問を持つ場合もあります。

第2章 皆さんと学ぶ予防の知識

トラブル例 私は，18年ほど前にある保険会社の養老保険という種類の生命保険に入りました。この保険では契約が20年の満期を迎えると満期保険金がもらえると募集人から聞き，楽しみにしたのを覚えています。ところが，今から1年ほど前に同じ募集人から，保障が充実しますよと勧められて，契約の「転換」をしました。最近，保険会社から届いた契約内容のハガキを見たところ，終身とかいう言葉が書かれていたので不安に思い，保険会社へ電話したところ，終身保険なので満期保険金はありません，と言われ，愕然としました。

この例は，養老保険から終身保険へという，まったく種類の異なる保険間で転換が行なわれたケースです。

転換では「比較」が大事

	現在の契約		新しい契約	
高度障害への備え	一時金 3,000万円	年金 240万円	一時金 2,000万円	年金 ＊＊万円
3大疾病への備え	一時金 300万円	年金 240万円	一時金 100万円	年金 ＊＊万円
要介護状態への備え	一時金 ＊＊円	年金 240万円	一時金 ＊＊円	年金 ＊＊万円
ケガによる入院	(日額)5,000円		(日額)5,000円	
病気による入院	(日額)5,000円		(日額)5,000円	
…				

私は，保険関連の仕事を始めた当初，種類のまったく異なる保険へと転換するケースには違和感を覚えました。しかし，このような取引は少なからずあるようです。そして，このような極端な場合でさえ，前後の契約の内容が正しく認識されていない場合が多いことを知り，説明の難しさを痛感したものです。

皆さん，転換をする場合のキーワードは，前後の契約の「比較」です。もともと入っていた契約と，新しい契約のそれぞれの

内容を，きちんと比較して理解しましょう。そうでなければ，「転換」をしてはいけません。

また，募集人の側が丁寧に説明をしなければならないことはもちろんであり，特に，新しい契約のデメリットは明確に説明しなければなりません。これについての説明を怠ると，消費者契約法という法律に基づいて，保険契約者から取消しをされる場合もあります。

> 予防のヒント 「転換」をする場合には，「比較」が大事！
> もともと入っていた前の保険の内容と，新しく入る保険の内容とを対照した比較表が，募集人から提示されます。この比較表はとても大切ですから，時間をかけて読み込み，自身の意向に合っているかじっくり吟味しましょう。

● パターン③　前の保険の積立金が新しい保険に充当されることを知らなかった

69ページでもご説明したように，転換では，もともと入っていた前の保険で積み立てられたお金が，新しい保険へ引き継がれます。その分，新しい保険のために支払う保険料は，ゼロから入る場合と比べて，積立金の分だけ安くなります。もっとも，積立金が使われるだけなので，得をするわけではありません。

トラブル例　私は，転換制度を利用して，新たな保険に入りました。もともと入っていた前の保険の保険料は，ひと月当たり2万円でしたが，転換をした後の新しい保険は，ひと月当たり1万4000円であり，ずいぶんと割安になって喜んだものです。ところが，後日，

改めて募集人と話をしていると、新しい保険の保険料は、本当は2万1000円で、前の保険から7000円が充当されていると説明されました。なんだか釈然としません。

　もう一度、69ページの図をご覧ください。これは、前の契約の積立金がどのように使われるかを示した一つの例です。肝心なのは、前の契約での積立金が、新しい契約に充当される点です。充当のしかたにはいくつか種類があり、新しい契約の積立金へ引き継ぐやり方もあれば、図に示したように、新しい契約の毎回の保険料へその都度充当するやり方もあります。いずれにせよ、新しい保険の保険料は、皆さんがもともと入っていた前の保険の積立金と、新たに保険料として支払うお金との2つの合算によって賄われるのです。

　さきの例でいいますと、新たな保険の保険料は月当たり2万1000円ですね。これを前の保険の積立金から7000円を賄い、差額の1万4000円を、新たなキャッシュ・アウト（お金の流出）として支払うというわけです。

> **予防のヒント**　「転換」をする場合には、もともと入っていた前の保険の積立金が、新しい保険に充当されるという点を理解しておきましょう。

VII　保険料の支払漏れにまつわるトラブル

　次に、保険料を支払い忘れたときにまつわるトラブルについて

見ていきます。

● 保険料を支払い忘れた場合に，入っている保険がどうなるかを知っておきましょう！

　皆さんが毎回支払っている保険料を，なんらかの理由で支払い忘れたときに，入っているその保険がどのような扱いを受けるかについて，まず知っておきましょう。

　ここでは，皆さんの銀行口座から毎月の保険料が引き落とされる場合についてみてみます。

● 1回未納になっても，それだけでは保険契約は無くならない

　まず，保険料を払い込むべき月の口座引き落とし日に，口座の残高不足などを原因として引落しができず，かつ，同月末までにほかの方法によっても保険料が払い込まれない場合であっても，それだけでは保険契約は無くならないのが通常の仕組みです。つまり，1回支払い漏れがあっても，それだけでは保険契約は無くなりません。

　なお，保険料を払い込まなければならない月のことを，「払込期月（はらいこみきげつ）」と呼びます。口座引き落としの日としては，毎月27日頃に設定されることが多いと思います。

● その翌月中にも払い込まれなかったら，無くなってしまいます！

　けれども，次が重要です。

　保険契約では，「払込期月」の翌月1か月間が「払込猶予期間」

として設定されています。これは，読んで字のごとく，保険料の支払い漏れが1回あったとしても，その翌月に支払えば救済しますよ，1か月間は猶予しますよという，そういう期間のことです。そして，この1か月間の「払込猶予期間」に，なおも保険料が払い込まれないときに，保険契約はこの期間満了日の翌日に無くなることとなっています。これが通常の決まりです。保険契約が無くなることを「失効」と呼びます。

保険会社は，保険料の未納に気づいたら，支払うよう皆さんへ督促をします

でも，保険会社としても，極力，保険契約を続けておきたいと考えるのが当然ですよね。ですから，簡単には保険契約を失効させないよう，「払込期月」に保険料が支払われなかった場合には，保険会社は，保険契約者に対して，保険料を支払うよう督促活動をするのです。

具体的には，たとえば，①督促マニュアルを作成したうえで，②これに基づいて，「払込猶予期間」に督促通知書を保険契約者に郵送し，③場合によっては，担当者が電話や訪問等を通じて，じかに督促します。コンビニエンスストアや銀行振込で払ってください等々，というお願いですね。なお，督促のやり方は，保険会社や契約種類によって異なります。

未納があっても容易には失効させないような，督促以外の仕組みもある

また，保険会社や保険の種類によっては，保険料未払があっても容易には失効しないような仕組みを用意していることもありま

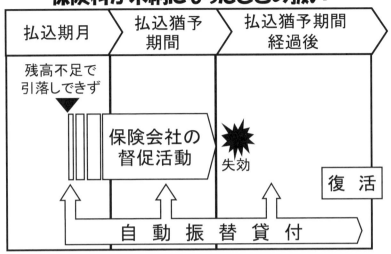

す。

　その一つの例が，ある一定の金額の範囲内で，未払保険料分を自動的に立替えるという制度です。この仕組みを「自動振替貸付（じどうふりかえかしつけ）」等と呼びます。つまり，保険料が未納になっても，保険会社が定める一定の金額の範囲内であれば，その金額を限度として，保険会社が立て替えてくれるというものです。

● 失効後の救済がある場合も

　そして，万が一失効してしまった後でも，事後的に救済する仕組みを採用している保険会社もあります。

　その一例が，保険契約の「復活」制度です。この仕組みは，保険契約が失効した後一定期間は，保険契約者による保険契約の「復活」の申込みを受け，保険会社が健康状態などを審査のうえ，承諾して，以前の契約と同じ条件で契約を「復活」すること

です。ただし，すべての保険会社や保険契約が「復活」制度を用意しているわけではありません。

銀行口座の残高には注意しておきましょう！

これまでご説明しましたように，たった1回の保険料の未納で，保険契約が失効してしまうことは，通常，ないといえます。

しかし，残高不足等によって保険料の口座引き落としができなかった場合には，保険会社からの督促通知等に基づいて，別途，銀行やコンビニエンスストアで支払うというひと手間が増えます。また，忙しさのあまり，この支払を忘れてしまったり，保険会社からの督促通知に気づかなかったりする場合もあり得ます。

ですから，保険料引落し用の銀行口座の残高には，気をつけておいたほうがよいでしょう。

> **予防のヒント** 保険料引落し用の銀行口座は，残高不足にならないよう，日ごろから気をつけておきましょう。いったん保険料が未納になったら，あとの手続きが面倒なこともあります。

督促活動が，実際には行なわれなかったらどうなる？

最高裁判所の有名な裁判によると，保険料の未納があったときでも，保険会社が，「払込猶予期間」や「自動振替貸付」の制度を設けたうえで，督促活動の態勢（たいせい）をきちんと整え，その運用を確実なものにしていた場合には，保険契約を失効させてもやむを得ないとされます。平成24年3月16日の判決です。保険会社の上のようなシステムに，お墨つきを与えたかのような

印象を持ちますよね。でも，最高裁判所の裁判官の中には，この結論に反対するかたもいらっしゃるのですよ。

さて，それでは，マニュアルも作って，督促活動の態勢を整えていたらしいにもかかわらず，そのとおりの督促を実行しなかった場合にはどうなるのでしょう？

トラブル例 私は，忙しさのあまり，うっかりして保険料引落し用の口座に，十分な残高を確保するのを忘れたため，月払い保険料を2回続けて支払い漏らしてしまいました。先日，保険会社から，「あなたの保険は，失効しました」というハガキが届いて初めてこれを知ったのです。でも，思い返してみると，私は，督促の通知をもらっていませんし，担当者から督促を受けてもいません。それでも保険は失効してしまうのですか？

実際に保険会社の督促活動が行なわれなかった場合に，入っていた保険が失効してしまうのかどうかという点が争われた裁判は，まだ例がないようです。
では，どのように考えるべきでしょうか。
私は，督促活動の態勢を整えていながら，何らかのミスで，実際にはその態勢どおりの督促をしなかったことが明らかであるような場合には，保険を失効させてはならないと考えています。
けれども，このことを立証するのはとても難しいことを知っておく必要があります。つまり，具体的にどのような内容の態勢が整備されていたかということと，その内容と実際には何が違ったのかということを立証しなければならないのは，保険会社のほうではなく，基本的に皆さんの側なのです。立証責任ですね。

第 2 章　皆さんと学ぶ予防の知識

保険料の未納を防ぎましょう！

それに，督促の通知が郵送されなかったという事態は，コンピュータシステムで管理されていることや，現代の郵便事情を考えると，皆無とはいいませんが，なかなか考えにくいのも確かなことです。

皆さんにおかれては，郵便物はマメにチェックすることをお勧めします。

> 予防のヒント　郵便物のチェックは，マメにしましょう。もしかしたら，保険会社から，保険料の督促通知が届いているかもしれません。

VIII　クーリング・オフ

それでは，皆さんと学ぶ知識の最後として，クーリング・オフを見ていきましょう。

●「クーリング・オフ」とは？

　「クーリング・オフ」とは，いったん契約の申し込みや，契約の締結をした場合であっても，契約をあらためて考え直せるようにし，一定の期間内であれば，無条件で契約の申し込みを撤回したり，契約を解除したりできる制度をいいます。いわば，冷却期間ですね。この期間を「クーリング・オフ期間」と呼ぶことにしましょう。

　保険契約のクーリング・オフについては，保険業法という法律が定めを置いています。

　クーリング・オフ期間は，法律の上では8日間とされています。もっとも，10日・15日・30日などに延長している保険会社もあります。

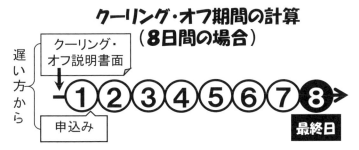

　クーリング・オフ期間のカウントのしかたは，保険会社から「クーリング・オフに関する説明書面を受け取った日」，または「保険契約の申込みをした日」のどちらか遅い日から，その日を含めて8日間等ということになります。保険会社によっては，カウントのしかたについて，この原則とは異なるルールを定めている場合もあります。

　なお，全部の保険契約が，クーリング・オフをすることのできる対象というわけではなく，法律はクーリング・オフができない

場合を定めています。しかし，保険会社は，必ずしも法律の定めによらず，クーリング・オフできる場面を幅広にとっていることが多いので，皆さんが入ろうとしている保険契約について，クーリング・オフができるかどうかは，募集人や保険会社に確かめておきましょう。

● クーリング・オフは書面で行ないましょう！

さて，クーリング・オフはどのような方法で行なえばよいのでしょうか。まずはトラブル例を見てみます。

> **トラブル例** 私は，2週間ほど前に保険契約を申し込みましたが，直後に再考した結果，やはりこの保険に入るのをやめようと思い立ちました。そこで，申込日から3日後に募集人へ電話をかけ，このことを伝えたところ，「えー，残念です。でも分かりました。」と言われたので，もうそれで済んだものと思っていました。ところが，昨日，その保険会社から保険証券が届きびっくりしました。クーリング・オフしたから，申込みは撤回されたのではないのですか？

法律で，クーリング・オフは，書面や電磁的記録（難しい言い方ですが，電子メールなどのことです）によってすることができると書いてあります。また，保険会社の説明文書にも，同じようなことが記載されています。クーリング・オフは，いったんした申込みを撤回するという重大な意思表示ですから，書面を書くという行為を通じて，本当に撤回してよいのかという自問をする機会を与え，申込みを撤回するのだという自覚を持ってもらうとともに，意思表示の内容が正しく，また，確実に到達することを狙ったものだと思われます。それに，証拠を残しておくことで，後日

クーリング・オフをする場合の記載例

○○保険株式会社　御中
　　　　　　　　　20××年×月×日

私は，次の保険契約の申込みを撤回します。
申込者　　　保険一郎
申込番号　　AB-1234567
または
領収証番号　9999999999

住所　　　東京都○○○○○○○○○
氏名　　　保険一郎　印

にトラブルが生じるのを防ぐ目的もあるでしょう。

　ですから，クーリング・オフは，書面や電子メールなどでするようにしましょう。最近では，ホームページにクーリング・オフのための入力欄を設けている保険会社もあります。

　ご参考までに，クーリング・オフをする場合の記載例をお示しします。皆さんのお名前をきちんと書くことが大事なのは申し上げるまでもありませんが，とりわけ大切なのは，クーリング・オフの対象となる保険契約を特定することです。そのためには，申込書控えに記載されている申込番号とか，第1回保険料を支払った場合に交付された領収証の番号等を書くとよいでしょう。

> **予防のヒント**　クーリング・オフは，必ず書面や電子メールなどでするように！口頭だけでは済ませないようにしましょう。

> **コラム④** クーリング・オフは書面で行なわなければいけないのか？
>
> 　クーリング・オフは書面や電子メールで行ないましょうと書きました。では，口頭ですることは絶対にダメなのでしょうか。
> 　保険の過去の裁判で，このことについて判断したものは見当たりません。
> 　では，ほかの種類の契約ではどうなっているかというと，裁判の判断は分かれます。つまり，口頭ではダメとしている例と，口頭でも OK としている例の二様があるのです。
> 　私自身は，口頭でもクーリング・オフをすることができるとの考えに親近感を持ちます。しかし，保険会社の実務では，口頭ではクーリング・オフを認めていないと思われますし，あえて口頭で行なって，その効力を争うことの労力を考えますと，やはり書面で行なっておくことが無難といえます。

● **クーリング・オフをするための記載用書面は，保険会社は送ってくれません！**

　時々見られるトラブルの中に，クーリング・オフをするための記載用書面は，保険会社があとから送ってくれると思っていたのに，送ってくれなかった，というタイプがあります。ちょっと見てみましょう。

|トラブル例| 私は，保険契約を申し込みましたが，やはりこの保険に入るのをやめようと考え，申込みから3日後に保険会社へ電話をして，クーリング・オフをしたい旨を伝えました。もちろん，私は，

クーリング・オフは書面でしなければならないことを知っています。ですから，保険会社から，郵便で，所定の記入用紙が送られてくるものと思っていました。ところが，一向にそのようなものは届かず，しかも多忙ですっかり忘れていたところ，8日間のクーリング・オフ期間が過ぎていました。慌てて保険会社へ問い合わせたところ，「もうクーリング・オフはできません」とのことです。記入用紙は保険会社が用意して送ってくれるのではないのですか？

　クーリング・オフをするための書面は，多くの場合，書式自由です。必要項目さえ書き漏らさなければ，大丈夫です。また，最近では，前述のとおり，ホームページ上でクーリング・オフのための入力ページを設けている会社もありますし，やはりホームページ上で所定の記入用紙を提供している会社もあります。
　しかし，保険会社側から所定の記入用紙を申込者へ郵送するといったことは，行なわれていないと思われます。
　必要な項目さえ書き漏らさなければ，クーリング・オフの最低限の要件は満たすのです。それに，記入用紙を保険会社が郵送していたのでは，短いクーリング・オフ期間のうちの大切な数日間を，保険会社の送付事務や郵送期間で，ムダに費やしてしまうことにもなりかねませんよね。

　予防のヒント　クーリング・オフをするための記載用書面は，保険会社は送ってくれません！ホームページなどに掲載された書式を参考に，ご自身で記載なさってください。また，保険会社によっては，ホームページで必要な情報を提供している場合もありますから，閲覧したり，問い合わせたりしてみましょう。

第3章
実践しましょう・気をつけましょう

I 「約款」を読んでみましょう

　さて，これまで，あまり詳しい説明もせずに，「約款」という言葉を使ってきました。改めて「約款」について考えてみます。

● 「約款」が使われる場面 —— 鉄道を例に考える

　私たちが日常接する場面で，「約款」を使って契約が締結されることは，実はたくさんあるのです。

　たとえば，通勤・通学で利用する鉄道です。私たちは鉄道を利用するにあたって，鉄道会社と契約を締結したうえで，電車に乗っているのですよ！目的駅までの料金を払って，それと引き換えに電車で連れて行ってもらうというのがその主な内容ですね。普通はこれだけで困ることはないでしょう。でも，たとえば，列車の運行が全く止まってしまったときとか，遅延したときは，どういう扱いになるのでしょう？手回り品は何でも車内に持ち込めるのでしょうか？ICカードや切符を紛失したら？

　これらについての解決策は，いちいち合意の直接の対象にはなっていません。しかし，沢山の人たちが利用する鉄道では，こういったパターン化できる問題は，あらかじめ予想し，取り決めておいた方が，何かと便利ですし，効率的ですよね。

　そこで，鉄道会社は上のような問題群を，条文に表現し，それ

を体系的にまとめることにしました。これが「約款」です。

「約款」とは？

したがって，「約款」とは，抽象的に言いますと，"たくさんの皆さんとの個別の契約に使うためにあらかじめパターン化（定式化）しておいたルールの集まり"と言い表すことができます。

生命保険も，非常に沢山の方々が結ぶ契約です。そこで，保険会社は，「約款」をあらかじめ準備することにより，契約の内容や条件をパターン化しました。それによって効率化・合理化を図り，申込みをする人との個別の交渉を思い切ってなくすことにしたのです。

約款の内容は，保険会社との間の契約になります

約款を考えるうえで重要な点は，約款の内容が，皆さんと保険会社との間で，契約の一部になってしまうことです。

もっとも，約款だけが契約というわけではありません。保険契約の内容でありながら，約款には書かれていないものとして，たとえば，皆さんが入った生命保険の保障期間が25年間だとか，保険金は2000万円だとか，保険料は月当たり1万円といった，保障やその対価（保険料ですね）についての皆さん固有の個別の取決めがあります。これらは，約款ではなく，保険証券に具体的に記載されています。

また，約款内には，皆さんが受ける保障や対価に関して，一般的に説明した条項もありますし，その他，保障や対価以外のルールを決めた部分もあります。

約款と保険契約の関係は図のようになります。この図は，大村

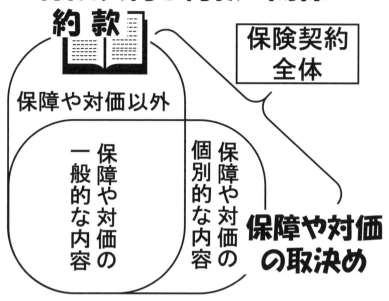

敦志教授という研究者の『消費者法（第4版）』187ページの図を参考にさせていただきました。

● 約款の内容について保険会社と約束した覚えはないのに，契約になるのはなぜ？

でも，皆さんは約款の具体的内容を把握したうえで，保険会社との間でその内容を約束し合ったわけではありませんよね。3ページで，契約は約束だと書きました。内容について約束していないにもかかわらず，どうして約款は契約の一部になってしまうのでしょうか。

非常に気の毒なトラブル例を見てみます。

> **トラブル例** 私の夫は，自身を被保険者，妻の私を保険金受取人として，1か月前に生命保険へ入りました。しかし，数日前に，悲しいことに自殺をしました。そこで私は保険金を請求したところ，保険会社からは，約款で，契約から3年以内の自殺には保険金は出ないと定められているので，残念ながらお支払いできかねますと言われました。

　約款が契約の一部として扱われる理由については，いろいろな考えがありますが，契約の両当事者が，その約款を契約に組み入れる（つまり契約の一部として扱うよ，ということです）という合意をすれば，それだけで，一つ一つの条項について合意をしていなくても，約款の内容が契約の内容になるという見解が有力です。

　皆さんは，約款を契約の一部として扱うということ（組み入れること）を，実は，申込書の上で合意する手続きをとっています。というのも，最近の申込書には，「普通保険約款が契約内容になることを了承のうえ，保険契約を申し込みます」といった文言が，用紙の上のほうに掲げられているのが普通です。

> **予防のヒント**　「約款」は保険契約の一部です。約款中の個々の条項を知らなくても，契約内容の一部として扱われます。

● 約款の読解にチャレンジしてみましょう

　約款は膨大ですし，内容もとっつきにくく，しかも字が細かいので，簡単には読むことができません。

けれども，やはり，契約を申し込む前に，あらかじめ読んでおくに越したことはありません。約款の内容を知らずに保険契約の一部とされてしまうのを座視していては，もしかしたら，後日，思いもよらないところで後悔するかもしれません。できる限りチャレンジしてみることをお薦めします。

● どのような視点で読むか ── 保険金が支払われないのはどういう場合かに着目する

約款が難しいのは，皆さんの年齢にかかわらず，また，どんな職業についているかにかかわらず，等しく全員にとって同じで，誰が読んでも難しく感じます。弁護士やファイナンシャル・プランナーのような，こういった文章に比較的慣れている人から見ても，難しく感じるのです。

では，どうやって読み解いたら良いでしょうか。

もちろん，万能薬があるわけではありません。また，最初から最後まで通読することは，至難の業のように思われます。

そこで，生命保険のトラブルの典型，つまり，保険金が払われるものと思っていたのに，払われないことが分かった，そうであると最初から知っていれば覚悟はできていたのに…，といった種類が多いことを踏まえますと，次のように言えます。つまり，約款を読む際のポイントとしては，どのような場合に保険金が支払われるのかという視点とともに，保険金が支払われないのはどういう場合か，という視点をもって読むのが大事ということです。

以下，私なりの読み方を申し上げましょう。

第3章 実践しましょう・気をつけましょう

● 読み方のヒント①　約款の目次から，保険金支払についての箇所の目星をつける

多くの約款には，目次が設けられています。ここから，読むべき箇所の目星をつけましょう。

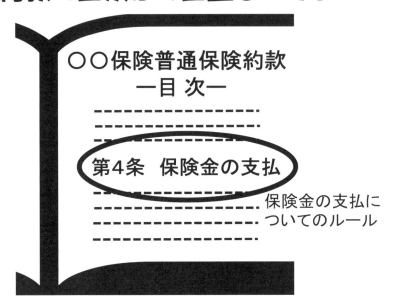

ポイントは，どのような場合に保険金が支払われるのかという点と，どのような場合に保険金が支払われないのか，という点でした。そこで，このポイントを踏まえて目次を見てみます。

そうしますと，目次には，ほぼ例外なく「第○条　保険金の支払」とか「第○条　入院給付金の支払」といった，保険金等の支払についての条項が載っています。この条項こそが，保険金や給付金が，どのような場合に支払われ，また，支払われないのかについて定めたルールです。約款によっては，「支払わない場合」

を独立の条項として設定している場合もあります。

> 予防のヒント 「約款」の目次から,「保険金の支払」といったタイトルの条項を探し,これを中心に読んでみましょう。

手元にある約款で「保険金の支払」という条項の箇所を開いてみると,「保険金を支払う場合」として,「被保険者が死亡したとき」と書かれています。これはよく理解できますね。その隣の「保険金を支払わない場合」という欄には,「(1) 責任開始日から3年以内の自殺」「(2) 保険契約者または保険金受取人の故意」と書かれています。2つ目の意味は,保険契約者や保険金受取人が,保険金をせしめるために,わざと事故を起こしたりした場合には,保険金は支払いませんよ,といった内容です。

保険金を支払う場合・支払わない場合

第4条 保険金の支払

支払う場合	支払わない場合
被保険者が死亡したとき	(1) 責任開始日から3年以内の自殺 (2) 保険契約者または保険金受取人の故意

入院給付金を支払う場合

第4条　入院給付金の支払

支払う場合
次のすべてを満たす入院をしたとき ①責任開始日以後に発病した病気を直接の原因とする入院 ②治療を目的とする入院 ③病院または診療所における入院 ※「入院」とは，自宅での治療が困難なため，常に医師の管理下において治療に専念することをいいます。

入院給付金を支払わない場合

第4条　入院給付金の支払

支払わない場合
次のいずれかに該当したとき ①保険契約者または被保険者の故意または重大な過失 ②被保険者の犯罪行為 ③被保険者の精神障害を原因とする事故 ④被保険者の泥酔を原因とする事故 （以下略）

もう1つ，入院保険の例を見てみましょう。図に掲げますのでご覧ください。やはり，支払う場合と支払わない場合とが，今度は上下に対比して書かれています。

● 読み方のヒント②　特に医療保険の場合は，できたら別表にもざっと目を通す

　医療保険の約款には，末尾に「別表」が掲げられることが多いといえます（目次に載っています）。この別表には，どういった場合に医療保障の対象となるか，つまり，どのような「要介護状態」「不慮の事故」「身体障害」「手術」等に該当したならば，保険金が支払われるかという対象が，一覧できるようになっています。

　もし余裕があるのでしたら，これらの別表にもざっと目を通すことをお薦めします。もっとも，精読する必要はありません（約款に慣れている人でも精読は無理です）。可能であれば，想像力を駆使して，将来にご自身がこういう手術を受けたとしたら，あるいは，こういう障害状態や要介護状態になったら，保険金を受け取ることができるのだろうか…，という視点で，目を通してみるだけで十分だと思います。

> 予防のヒント　特に医療保険の場合には，「別表」にもざっと目を通しておくことをお薦めします。保険金支払に関して，「対象となる要介護状態」「対象となる身体障害」「対象となる不慮の事故」「対象となる悪性新生物」「対象となる手術」などが掲げられています。

読み方のヒント③　保険会社に質問しまくりましょう！

でも，やっぱり約款は難しいですよね。なにより，言葉が難しい。そこで，約款のことを誰よりも知っているはずの保険会社へたずねてみましょう。

もし，目の前で募集をして下さっている募集人の説明でもよく分からないときは，募集人からスマホなどで会社へ連絡を取ってもらい，上司に電話口に出てもらいましょう。上司のかたなら，ていねいに解説してくださるに違いありません。

予防のヒント　「約款」の内容について分からない場合には，保険会社へ質問するのが一番です。

コラム⑤　「約款」にまつわるトラブルを予防する責任は，誰が背負わなければならないの？

この本で皆さんにお伝えしたいことは，保険に入る前に手を打っておいて，トラブルを前もって予防しましょうということです。

でも，約款は誰にとっても難しく，全部を読んで理解することは至難のワザ。弁護士にだってできません。なのに，そんな難しいことを我慢して実行しなければトラブルを予防できないなんて，そんな重い負担を，一般の消費者に押し付けることは，おかしいのでは？

私もそう感じます。「約款」にまつわるトラブルを予防しなければならない責任は，皆さんよりも保険会社が負う必要があると思います。

保険会社は，約款のなかの重要な部分を，なるべくわかりや

> すく説明することが求められます。図などを使って理解されやすい工夫をするとともに，募集人が分かりやすく説明できるよう，きちんと教育することが重要になってくるでしょう。

II　健康状態の告知で気をつけること

● 告知を軽んじてはいけません

　皆さんが保険に入る前に，告知書で健康状態について答える「告知」。これは，61ページでもお話しましたように，とても大切です。健康状態の告知は，保険制度を支える不可欠で重要なプロセスですから，決して軽んじていけません。ありのままを，告知書の質問に答えることにより，告知してください。募集人へ口頭で告知しても，それだけでは告知したことにはならないという点も，是非思い出してくださいね。

● でも，過剰に告知しすぎると保険に入れなくなってしまうのでは？

　けれども，皆さんの中には，次のような心配をなさるかたもいらっしゃるのではないでしょうか。

　つまり，「募集人から，小さな治療歴でも，告知書の質問に該当することがあったら細大もらさずに告知してくださいって言われたけれど，治療歴がたくさんあり過ぎると，不健康と思われて，保険に入れなくなってしまうのでは？」と。

　もしかしたら，そういうことがあるかもしれません。けれども，保険会社だって商売をやっているのですから，むげに保険加

第3章　実践しましょう・気をつけましょう

入を謝絶するばかりではないことも知っておきましょう。皆さんに，是非とも保険に入ってもらいたいと考えるのが，商売人の人情ではないでしょうか。

　ですから，保険会社は，皆さんからの告知内容を見て，加入を謝絶するまでもないと判断すれば，申込みを承諾するでしょう。また，皆さんの体のどこか特定部位だけが弱いのだなと判断されれば，その部位の病気だけは保障しないという手法だって採用することがあるのです。たとえば，告知の中で，眼の治療歴が突出して多い場合には，今後，眼の病気だけは保障しないけれど，ほかは全部保障しますよというやり方だってあるのです。これは「特定部位不担保」などと呼ばれることがあります。

> **予防のヒント**　過剰に治療歴を告知したからといって，それだけで保険に入れなくなるということはありません。場合によっては，「特定部位不担保」等の扱いを受けることがあるかもしれませんが，それでも，将来，告知義務違反を問われて，保険契約を解除されてしまうよりは，はるかにマシです。

告知は保守的にやっておきましょう

　トラブル例　私は，ここ1年の間，時折咳が止まらなくなって，何度か近所のクリニックを受診しましたが，その都度，お薬でなんとなく治まっていました。3か月ほど前に医療保険に加入したのですが，申し込む際，咳によるこの治療歴・通院歴は，軽い風邪だと思って告知しなかったのです。ところが，先日どうも変な咳が出るので精密検

査を受けましたら「間質性肺炎」と診断され，入院しました。そこで，保険金を請求したところ，保険会社から，告知義務違反を理由に保険を解除されました。

　軽い症状を治療しただけだったので告知するまでもないと早合点し，告知せずにいたところ，実はそれが重篤な病気の予兆だったという例は，まれにみられます。このような場合には，上のトラブル例のように，告知義務違反で契約を解除される可能性があるといえます。
　こういった事態に陥らないためにも，告知は保守的にやっておくこと，つまり，治療歴は，覚えている限り，網羅的に告知することをお薦めします。

> 予防のヒント　告知は，ぜひ保守的にやっておきましょう。治療歴は，覚えている限り，網羅的に告知するようにしてください。

● でも，責任開始期より前に発症した病気には，保険金が出ないのでは？
　それでも皆さんの中には，「治療歴をたくさん告知しすぎると，責任開始期より前に発症していたものと保険会社から判断されて，保険金が下りないのでは？」と心配するかたがいらっしゃるかもしれません。
　もちろん，それはそうかもしれません。38ページで取り上げたように，入った保険の責任開始期よりも前に病気が発症してい

た場合には，保険金は支払われないのが原則です。

　けれども，保険会社によっては，約款の中で，きちんと治療歴を告知していれば，その治療歴が責任開始期前の発症の現れだとしても，保険金を支払うと宣言している会社もあります。ですから，保険金が支払われる場合もあるかもしれません。

　しかも，責任開始期前の発症を告知したとしても，それは，保険契約の解除事由には当たりません。つまり，単に，その病気について保険金が支払われないだけであって，それだけで保険が解除されることはないのです。告知義務違反で解除されることで保障が全然なくなってしまうより，よいのではないでしょうか。

III　被保険者の同意はきちんともらっておきましょう

被保険者の同意ってなに？

　「被保険者の同意」というのは，保険契約者（保険会社と契約を結ぶ人のことですね）が，保険に入る際，自分とは違う誰か別の人を被保険者（保険をかけられる人のことですね）として指定する場合に，その被保険者が「自分は保険をかけられてもいいよ」という同意をしなければならないことをいいます。

　皆さんは，「保険金殺人」のことを一度は耳にしたことがあるでしょう。こういった事件がそうそう頻繁に起きるわけではありませんが，それでも，保険会社は神経をとがらせているようです。

　といいますのも，保険契約者と被保険者とが別人である場合，うがった見方をすると，被保険者が死亡すれば，保険契約者としては，自分や自分の支配下にある人が保険金を受け取ることがで

きるわけです。ですから、被保険者は、保険契約者との間で、いわば命を巡る利害関係にあるともいえるのです。そうであれば、被保険者になろうとする人に対して、あらかじめ、ホントにあなたは被保険者になることを知っているのですか、了承しているのですか、と尋ねておくことが望ましいといえましょう。

これが、「被保険者の同意」の目的です。医療保険でも、原則として同様のことが当てはまります。

1つトラブル例を見ておきましょう。

> トラブル例　私の息子は大学入学を機に、車を乗り回し、また不規則な生活をし始めるようになりました。体が心配になり、息子には内緒で彼を被保険者とする医療保険に入りました。万一の病気やケガのときに医療費を出すのは私なので、保険金受取人は私です。書類の「被保険者同意欄」には、募集人に息子の名を代筆してもらいました。悪い予想が当たり、息子が病気で入院したので保険金を請求したところ、募集人から代筆の事実を伝えられた保険会社は、支払えないと言ってきました。悪いことをしたつもりはないのですが…。

お子様の学校入学を機に保険に入るということは、よく見られる光景です。その際、親御さんとしては、保険に入ることをお子様に内密にしておきたいというのも、心情としては理解できます。

しかし、親子とはいえ、やはり、被保険者の同意は得ておかなければなりません。

ただし、すぐ次に述べるように、医療関係保険では（正確には、17ページでご紹介した、病気やケガのときに一定額の保険金が支払われる「傷害疾病定額保険」では）、次に述べるように被保険

者の同意が要らない場合があります。

被保険者の同意が要らない例外がある

　これから述べることは，保険会社の手続書類にはきちんと載っていて，そのとおりに手続を踏めば，モレ・ヌケが生じることはなく，気にする必要もないことです。しかし，知識として知っておくことも有用なので，念のためご説明しておきましょう。

　それは，「傷害疾病定額保険」では，保険契約者と被保険者が別の人であるときでも，被保険者の同意が要らない場合があるという点です。

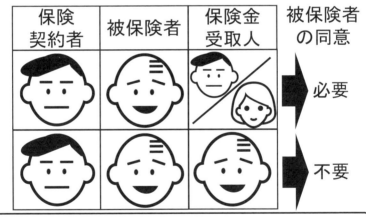

　図をご覧ください。具体的には，登場人物のうち，被保険者と保険金受取人が同一人である場合は，被保険者の同意は不要とされています。これは保険法という法律で決まっています。

　この取り扱いは，入院・通院の費用や治療費，高度障害のとき

の保障といった，被保険者が生きていらっしゃる間の保険金については，ふつう，その被保険者が受け取るケースが多いことを考えると，うなずけます。

さきほどのトラブル例では，保険金受取人が，被保険者である息子さんであったならば，息子さんの同意は不要となっていたはずでした。けれども，親御さんが保険金受取人であったために，保険会社からは保険金が支払われなかったのです。

> 予防のヒント　被保険者の同意はきちんともらっておきましょう。親子の間柄だからといって，省略できるものではありません。被保険者の承諾なく，代筆をしてはいけません。

Ⅳ　離婚したら，保険契約のケアをしましょう

次は，離婚と保険契約のお話をしましょう。

保険と離婚って，何の関係があるのだろうと不思議に思われる方もいらっしゃるかもしれません。でも，大ありなのです。離婚が少なくないといわれる現代，知っておいて悪くはない実践知だと思います。

以下では，①あなたが保険契約者である場合と，②あなたが被保険者である場合とに分けてご説明しましょう。

● ケース①　あなたが保険契約者である場合

たとえばあなたが男性（夫）であるとしましょう。あなたは，

ご自身を保険契約者兼被保険者，妻を保険金受取人として，生命保険に入りました。ところが，残念なことに，数年後に奥様と離婚したと仮定しましょう。保険契約者として，その生命保険についてなにかやっておくべきことはないでしょうか。あなたが再婚したとして，新しい奥様の立場で，次のトラブル例を考えてみましょう。

トラブル例 私は3年前に夫と結婚しました。夫は前の奥様と離婚していて，私との結婚は再婚です。離婚原因は前の奥様の不貞だそうです。夫は不幸にも今から3か月前に亡くなりました。遺品を整理したら，夫を保険契約者・被保険者とする離婚前の生命保険の証書が見つかり，そこには，保険金受取人として前の奥様の氏名が記載されていました。保険会社に調べてもらったところ，夫は申込みの際，手続書類に，保険金受取人として，続柄をつけて「妻・A子」(前の奥様の名です)と書いたとのこと。ということは，夫は，配偶者に保険金を受け取らせるつもりだったので，保険金は，現在の妻である私が受け取れるのですね。

　現在の奥様の言い分は，亡夫の意思として，自身が死亡する時の配偶者(妻)に保険金を渡すつもりだったからこそ，申込書に当時の奥様，つまり「妻・A子」と書いたのだろう，だから，現在では，再婚後の妻である自分が保険金を受け取れるはずだ，というものです。
　たしかに，そのような解釈も大いに成り立ちます。
　実は上のトラブル例は，最高裁判所で扱われたある裁判の事案を簡略化したものです。裁判は，学校でも習うとおり，同じ事案で3回まで裁判所の判断を仰ぐことができます。

実は，この裁判の第一審では，再婚後の現在の妻が保険金を受け取れると判断しました。
　これに対して，第二審と，最後の最高裁判所では，逆に，離婚前の妻が依然として保険金を受け取れるのだと判断しました。つまり，裁判所の判断が分かれたわけです。どういうことなのでしょう？

● 続柄のついた「妻・Ａ子」という表示をどのように解釈すべきか？
　たしかに，離婚の原因が前の妻の不貞なので，そんな妻へ，離婚後もなお死亡保険金を渡したいと思う人はまれでしょう。
　とはいっても，夫が保険契約を申し込んだ時点では，妻の不貞がなかったからこそ，「妻・Ａ子」を保険金受取人に指定したのでしょうから，申込後の事情で，前の妻には保険金を受け取る資格などないと言い切るのも，やや躊躇されますよね。
　それに，離婚にもいろいろなケースがあって，離婚後も普通に付き合うような間柄の場合もあるようです。ですから，申込書に書かれた「妻」という続柄表示だけで，離婚前の妻には一切保険金を渡すつもりなどなかったのだ，再婚したら新しい妻へ保険金を渡すつもりだったのだと，即断することはできません。また，保険金受取人を変更したければ，20ページでご説明したように，保険会社のルールにしたがって変更することもできたのです。
　このように考えると，この場合，「妻」という続柄表示を，被保険者の死亡時点で「妻」の地位にある人という意味に解釈することは難しいように思えます。
　したがって，上のトラブル例では，「妻・Ａ子」として表示さ

れた離婚前の妻であるＡ子さんが，保険金を受け取るということになります。

離婚したら，保険金受取人の変更を検討しておきましょう

もちろん反対の意見はあるでしょうし，解釈のしかたは分かれるでしょう。しかし，上のような最高裁判所の判断がある以上は，もし離婚したならば，保険金受取人の変更を検討しておいた方が無難です。

変更のやり方は２つあると思います。

１つは，離婚した後でも親族関係の続くかたを保険金受取人に指定するというやり方。この場合には，お子様とか，親御さん，兄弟姉妹といったかたを保険金受取人に指定することになりましょう。

もう１つは，離婚した後，再婚するのを待って，新しい配偶者やお子様を保険金受取人に指定するというやり方です。

> **予防のヒント**　保険契約者であるあなたが離婚した場合で，保険金受取人を元配偶者にしていたときは，保険金受取人の変更を必ず検討しておきましょう。

ケース②　あなたが被保険者の場合

次は，あなたが被保険者である場合です。以下のトラブル例（相談事例）をお読みください。

|トラブル例|　私は，夫からのひどいＤＶが原因で，このたび弁護士

を立てて協議離婚しました。ところが，私は，元夫が保険契約者である生命保険と医療保険の被保険者になっています。いずれの保険も保険金受取人は元夫です。離婚した後も私が被保険者のままでは，なんとなく気持ち悪く感じています。ありていに言えば，いわば私の体が攻撃されることによって，夫が保険金を受け取れることになっているのがイヤなのです。なにか手を打っておくことはありますか。

　たしかに，離婚した後も被保険者であり続けることは，場合にもよりますが，やや不自然な気もします。ましてや，離婚の原因が夫からの暴力で，それが悪質な場合には，上のご相談者のように「気持ち悪い」と感じるのも無理からぬことでしょう。
　そこで，保険法という法律が，このような場合に備えてルールを置いています。

● 保険法の定め　保険契約者へ保険契約を解除するよう請求できる！

　保険法は，このような場合に，「被保険者」から「保険契約者」に対して保険契約を解除するよう請求することができると定めています。
　上の例では，被保険者である元妻が，保険契約者である元夫に対して，保険会社との保険契約を解除してくれ，と請求することができるのです。そして，元夫は，元妻から上の請求を受けたときは，その保険契約を解除する義務を負うことになります。
　ですから，元妻であるご相談者は，元夫に対して，保険契約を解除してくれと伝える必要があります。このとき，最も望ましいのは，弁護士に頼み，内容証明郵便で解除請求の通知を送ることです。

離婚する際には検討しましょう

```
        あなたが
    ┌──────┴──────┐
保険契約者のとき     被保険者のとき
```

保険契約者のとき	被保険者のとき
保険金受取人を変更する必要はありませんか？	離婚した配偶者が契約した保険契約が，そのまま続いても良いのですか？

> **予防のヒント** あなたが離婚した場合で，元配偶者を保険契約者とする生命保険の被保険者になっているときには，その保険契約を解除するよう元配偶者へ求めることを検討しましょう。離婚後も元配偶者と普通に交流するような予定であれば別として，険悪な間柄になっているような場合には，おおいに検討に値します。

被保険者から解除の請求をしても，保険契約者が解除しないときにはどうなる？

けれども，保険契約者である元夫が，すんなりと契約解除の請求に応じてくれるとは限りませんよね。もし，元夫が契約を解除してくれなかったとき，どうすればよいのでしょうか。

その場合には，たいへん手間ではありますが，裁判（訴訟）を起こす必要があります。

裁判を起こして，勝訴判決，つまり「元配偶者は，その生命保険を解除せよ」という内容の判断を裁判所からもらい，その判決が動かないものとなった時に（確定した時に），元配偶者が保険会社に対して解除の意思表示をしたものと見なされることになります。これが，法律のルールです。

> 予防のヒント　元配偶者が，解除のアクションを取ってくれなかった場合には，手間ではありますが，裁判を起こす必要があります。

V　住宅ローンを借りるときに加入する「団体信用生命保険」の注意点

　皆さんの中には，ご自宅を購入するために金融機関から住宅ローンとして融資を受ける際に，その金融機関から「『団体信用生命保険』に入ってください」と言われて，実際に加入した方も多いと思います。

　「団体信用生命保険」とは？

　「団体信用生命保険」とは，次のような保険をいいます。
　金融機関としては，住宅ローンで多額の融資をしたはいいけれど，もし融資を受けた方が，返済期間の途中でお亡くなりになったときには，返済を受けられなくなる可能性がありますよね。
　もちろん，お亡くなりになった方の相続人が返済の義務を負うのが原則です。また，融資を受けて購入された自宅に担保をつけ

ておいて、それを売却し、その売却金で返済額をまかなうという方法も、理屈ではあり得ます。

　でもそういった方法では、残されたご家族の負担があまりにも大きいといえます。

　そこで、「団体信用生命保険」という制度が考えられました。この保険では、融資を受けた方が、万が一、返済期間の途中でお亡くなりになったら、保険会社が、ローンの残金と同額の死亡保険金を金融機関に支払うのです。

　これが「団体信用生命保険」です。住宅ローンを借りる場合には、たいてい、融資を受けるのとワンセットで加入するよう、金融機関から求められます。

　「団体信用生命保険」では、融資を受ける方が被保険者、そして、保険契約者・保険金受取人が金融機関となります。図をご覧ください。

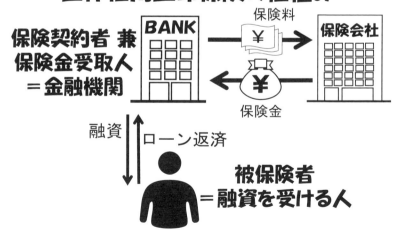

● 「団体信用生命保険」も健康状態の告知が重要

　金融機関は保険契約者として，保険会社と契約を結び，保険会社へ保険料を支払います。金融機関から融資を受ける方は，金融機関が保険会社と契約を結ぶのに先立ち，被保険者として健康状態の告知をします。この点は，通常の生命保険と変わりはありません。ですから，通常の生命保険と同様に，告知はきちんとしておかなければいけません。

　もし，金融機関から融資を受けた方が告知義務に違反し，その義務違反と関連のあるご病気で，万が一亡くなったとします。その場合には，その「団体生命保険」は，保険会社によって解除されます。

　そうすると，残された親族は，保険なしで住宅ローンの残債を負うことになりますから，大きな負担を背負ってしまうことになるのです。

> 予防のヒント　健康状態の告知が重要なのは「団体信用生命保険」でも同じです。きちんと，ぬかりなく告知をしましょう。

● 住宅ローンを借り換えるときには，告知について特に注意

　「団体信用生命保険」で，とりわけ告知に注意が必要になる局面は，住宅ローンを借り換えるときです。

　といいますのは，住宅ローンを借り換える際には，以前に入っていた「団体信用生命保険」が借り換え後にも継続するわけではなく，新たに，別の「団体信用生命保険」に加入する必要がある

のです。これは，同じ金融機関から借り換えをする場合でも，通常，同じことです。そうすると，新たに健康状態の告知をする必要があるわけです。

　住宅ローンの返済は長期に及ぶのが普通ですから，以前に入っていた最初の「団体信用生命保険」の告知時からは，健康状態が変化している場合もあるでしょう。

　次のトラブル例をご覧ください。

　トラブル例　私の夫は15年前に自宅を購入するため銀行から住宅ローンを借り，同時に「団体信用生命保険」に入りました。この当時，夫はいたって健康でしたが，その後まもなく，高血圧や心不全に悩むようになりました。さて，夫は，3年ほど前に金利を考えて住宅ローンの借り換えをし，この時，あわせて新たな「団体信用生命保険」に入ったのですが，先日，心筋梗塞で亡くなりました。お葬式が済んだ後，金融機関から連絡があり，新しい「団体信用生命保険」の告知で，夫は高血圧や心不全の治療歴を告知していなかったため，この保険契約は解除されることになったそうで，住宅ローンの残債は，そのまま相続人である妻・私が引き継ぐことになってしまいました。

　このトラブル例では，まことに残酷な結果となってしまいました。この方の夫は，3年前にローンの借り換えさえしなければ，ローン返済の途中でお亡くなりになったとしても，残債は，以前に入っていた「団体信用生命保険」でカバーされ，支払われたはずなのです。

　でありますから，このような悲劇を招かないためにも，ローン借り換えに当たっては，ローン債務者の方，つまり，「団体信用生命保険」の被保険者の方は，告知義務違反にならないよう，き

ちんと告知をすることが必要です。もちろん，告知義務の重要性は，ローン借り換え時であってもなくても同様に重要であることは確かです。でも，ローン借り換えは，最初のローン借入時から年月が経っていることが多いでしょうから，健康状態が変化していることも多いため，ひときわ注意をしたいところです。

　告知義務を果たしてさえいれば，もし，告知内容いかんによって新しい「団体信用生命保険」に入れなかったとしても，ローンの借り換えができなくなるだけですから，トラブル例のようなケースになるよりも，まだ救いがあるのではないでしょうか。

> 予防のヒント　ローンの借り換えの際には，特に，告知義務違反とならないように注意しましょう。

● 金融機関にできることはないのか

　ここまで読んでくださった皆さんは，上のトラブル例をどう思われますか。

　私などは，告知義務違反があったのだから義務を果たさなかった被保険者が不利益を被ってもしかたないのだと，スパッと割り切れるほど問題は単純じゃないような気がします。

　ローン借り換えに伴って，新たな「団体信用生命保険」を利用するにあたり，うっかり告知をし忘れたために，さきのトラブルのような悲劇が起こった例は，過去の裁判例でも厳然と存在するのです。また，裁判としては取り上げられていないケースでも，同じような悲劇の例は，まだほかにいくつもあるような気がします。

団体信用生命保険でも告知は大事

　このようなケースが保険会社や金融機関のデータに蓄積されている以上，同じような悲劇を起こさないために，「団体信用生命保険」の窓口である金融機関に何かできることはないのでしょうか。

金融機関のスタッフは，告知の重要性を強く呼びかけてほしい

　住宅ローンを借りたり借り換えたりするときに，「団体信用生命保険」の被保険者と面談して，健康状態の告知を呼びかけるのは，保険会社ではなく，金融機関のスタッフです。つまり，彼ら・彼女らは生命保険の募集人ではないけれど，被保険者となる人，つまり融資を受ける人の告知に，影響を及ぼす可能性のある人たちなのです。

　このような方がたにおかれては，是非，融資を受ける人たちに対して，「告知は重要なのですよ」「もしありのままに告知をしていただかなかった場合には，告知義務違反に問われ，団体信用生命保険が使えなくなることもあって，とても危険なことになりか

ねないのですよ」といった注意喚起を，是非行なっていただきたく思います。

> 予防のヒント　金融機関のスタッフの皆さんも，融資を受ける人に対して，告知の重要性を強く呼びかけてください！書面に説明が書かれていても，是非，重ねて口頭で注意喚起をしてあげてください！

VI　契約者貸付制度を知っておきましょう

● 契約者貸付をご存知ですか？

　皆さん，生命保険に「契約者貸付制度」という仕組みがあるのをご存知ですか？

　これは，保険契約者が，お金を必要とする時に，加入している生命保険の解約返戻金の一定範囲で，その生命保険契約に基づき，保険会社からお金を借りることができる制度です。例えば，保険契約者が，簡単な家のリフォームをするとか，親戚にお祝い金を渡すとか，そのほか，資金が入り用になった時に，この制度を利用して保険会社からお金を借りることができます。

　「解約返戻金」というのは，32ページでも取り上げたように，保険契約を解約したときに，保険会社から戻ってくるお金のことです。

　もっとも，解約返戻金はどの生命保険にも設けられているわけではありませんから，「契約者貸付制度」も，すべての生命保険で利用できるとは限りません。入ろうとしている保険に契約者貸

第3章 実践しましょう・気をつけましょう

契約者貸付の仕組み(イメージ)

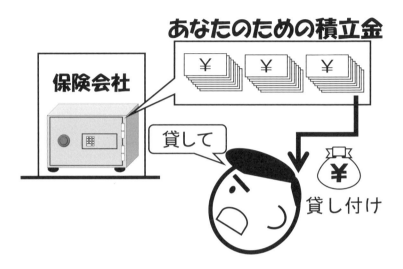

付制度があるかどうかは，約款に書いてあります。また，保険会社や募集人へ問い合わせれば答えてくれますので，質問してみましょう。

　契約者貸付は便利な制度ではあるのですが，これにまつわるトラブルも時々起こります。そこで，注意点を見ていきましょう。

注意点①　契約者貸付は，将来の保険金の前借りであると考えましょう

　トラブル例　私の母は，すこし前，自宅を高齢者用にリフォームするため，80万円ほどのお金が入り用になりました。そこで，母は，仲良くしている保険会社の担当者に相談してみたところ，入っている生命保険の貯まっている分からお金が出ますよ，と言われたとのこと。その後，申し込んでお金を受け取ったそうです。先日，残念なことに母が他界したので，保険会社へ保険金を請求したところ，所定の

保険金の額から，80数万円が差し引かれて振り込まれました。どういうことでしょう？

　これは，最近私が実際に相談を受けた事例を，少しアレンジしたものです。

　前に掲げた図をご覧ください。契約者貸付制度を使って保険会社から受け取るお金，つまり借入れるお金は，積立金から引き出されていますよね。この積立金は，もともと皆さんに対する将来の保険金を支払うために積み立てられているお金でした。ですから，この積立金から契約者貸付金を捻出するということは，この貸し付けられたお金を返済しなければ，将来の保険金が減るということを意味するのです。つまり，言い換えれば，契約者貸付とは，将来の保険金の前借りと考えるべきといえます。

　「契約者貸付」という言葉じたい耳慣れないものですし，この制度の仕組みに精通していることなど，保険会社に勤務している人でなければ，滅多にないでしょう。

　そこで，契約者貸付を利用して借入れるお金の出どころが，将来の保険金のための積立部分であるということを認識せずにいるケースは，多いのではないかと思われます。

> 予防のヒント　契約者貸付制度を利用してお金を受け取ることは，将来の保険金の前借りと考えましょう！お金を返さなければ，将来受け取る保険金は，借りた分だけ減ることになります。

注意点② 契約者貸付には利息がかかる

契約者貸付制度を利用して，保険会社からお金を借りるとき，そのお金には利息がかかります。この点も，時々トラブルの種になります。

> **トラブル例** 私は，昨年，事業用資金でお金が入り用になったため，加入している生命保険の契約者貸付制度を利用してお金を借りました。その後，多忙により，きちんと郵便物をチェックしていませんでしたが，先日保険会社からの通知ハガキを改めて見てみたところ，昨年借入れたお金に利息がかかっていることが判明し，びっくりしました。

保険契約者ご自身が支払った保険料を元手とした積立金なのに，それを自分が使うに当たって，保険会社が利息を取るとは何ごとだ！というご意見を聞いたこともあります。お気持ちは分かるのですが，保険会社が利息を取ることについては，これはこれで正当なことと評価するしかありません。

といいますのも，保険会社は，保険契約者の皆さんから集めた保険料の一定部分を，債券とか株式などいろいろな方法で「運用」して（つまり，増やして），約束した将来の保険金のために準備しています。なので，もし契約者貸付として，ある保険契約者へお金を貸す際には，「運用」することによって得られるのと同じくらいの利息を受け取らなければ，保険会社にとっては，将来の保険金に備えるためのお金が予定よりも減ってしまうことになるわけです。

> **予防のヒント** 契約者貸付制度でお金を借りる場合には、そのお金には利息がかかります。忘れないようにしましょう。その利率が何パーセントかは、保険会社に質問しましょう。

● 注意点③　返済期限（いつまでに返済しなければならないか）が定められていない

　次に重要なこととして、契約者貸付には、返済期限が定められていない点が挙げられます。

　ふつう、誰かからお金を借りる場合には、いついつまでに返済してくださいという「返済期限」が定められますよね。

　けれども、生命保険の契約者貸付では、借りたお金の返済期限は特に定められていません。お金を返すのは、その貸付を利用した生命保険が消滅するまでの間、いつでもできます。具体的には、その保険を解約したり、満期が来たり、死亡保険であれば被保険者が逝去された時（これらが保険の消滅です）までに、返済すればよいのです。

　ところで、これは便利なようでありながら、考えようによっては、落とし穴にもなりかねません。なぜかというと、契約者貸付で借りたお金を長年にわたり返済しなければ、そのお金に利息が付き続けるからです。しかも、その利息は、多くの場合、「単利」方式でなく、「複利」方式で計算されるのです。

　「単利」とは、最初に借りたお金の元本に対して利息を決める方法であり、「複利」というのは、最初の元本に利息を加えた金額を新たな元本として、次の利子を決める方法です。つまり、契

約者貸付では，雪ダルマ式に利息が膨らむのです。ですから，契約者貸付制度を利用してお金を借りたならば，早めに返しておいたほうがよいでしょう。

> **予防のヒント** 契約者貸付制度を利用してお金を借りたら，早めに返済しましょう。返済期限がないからといって放置しておくと，利息が雪ダルマ式に増えていくことがあります。

注意点④　契約者貸付の利用残高が増えると，保険が失効してしまう場合がある

ご説明したように，契約者貸付では，利息が雪ダルマ式に増えていくのが一般的です。そうしますと，どのようなことが起こるでしょうか？前に，契約者貸付制度とは，加入している生命保険の解約返戻金の一定範囲を限度として，保険会社からお金を借りる制度であるとお話ししました。もし長い間返済しなければ，利息が膨らんで，その限度額を超過してしまうことが考えられるの

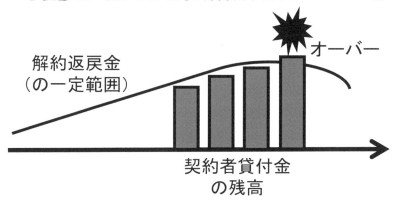

です。

　限度額をオーバーすると，保険契約が失効，つまり，効力を失って契約が終了してしまうという事態が起きる可能性があるのです。限度額をオーバーすることを，俗に「オーバーローン」といいます。

　もちろん，保険会社からは，契約貸付制度を利用した時点や，その後も節目・節目の時期，また，保険契約が失効しそうな場合にはその前に，通知の書面が届きます。でも，ついつい保険会社からの通知は見逃しがちなので，保険契約が失効してから慌てるといった話も聞いたことがあります。

　ですから，郵便物はマメにチェックする必要があります。また，このような事態に陥らないためにも，契約者制度を利用してお金を借りたら，早めに返済しておくことをお薦めします。

　予防のヒント　契約者貸付制度でお金を借りて放置しておくと，「オーバーローン」となって，保険契約が失効してしまう可能性があります。これを防ぐためにも，早めに返済することをお薦めします。

コラム⑥　「自動振替貸付」制度も「契約者貸付」制度と性質は同じ

　少し前の77ページで，「自動振替貸付」についてお話ししました。つまり，保険料の未納が発生しても，ただちにはその保険を失効させないように，保険会社が保険料相当額を立て替え

払いする制度でした（すべての保険に備わっているわけではありません）。

じつをいうと，この「自動振替貸付」も，解約返戻金の一定範囲を限度として貸し付けるという意味で，「契約者貸付」と同じような性質を持っています。

ですから，「契約者貸付」と同じような点に留意する必要があります。

つまり，①将来の保険金の前借りである，②利息がかかる，③返済期限が定められていない，④利用残高が増えると保険が失効してしまう場合があるといった注意点は，「契約者貸付」制度と同様です。

くれぐれも注意しましょう。

注意点⑤　介護保険負担限度額認定制度との関係

では，この本の締めくくりとして，契約者貸付にまつわる，やや複雑な事例をご紹介しましょう。私が以前受けた相談に，少し手を加えたものです。

|トラブル例|　私は，ここ数年間，特別養護老人ホーム（特養）に入所しています。先日，友人から，特養の利用費（食費や居住費）を節約する方法があると聞きました。具体的には，「介護保険限度額認定制度」と呼ばれる仕組みを使うのだそうです。この仕組みを簡単にいうと，特養の利用者やその配偶者が住民税非課税である場合，収入や資産の額に応じて，利用費の負担額が，段階的に決まる制度なんだそうです。その友人は，私が入っている生命保険からお金を引き出しておけば，その分だけ私の資産額が減るから，特養の利用額もそれに応じて少なくて済むのヨ，と力説するのです。そこで，私は保険会社の担当者に，保険からお金を引き出す方法はないかを質問したところ，

「契約者貸付」を使ってお金を払い出すことができると言われました。そこで，私は「介護保険限度額認定制度」を利用するため，生命保険から「契約者貸付」でお金を引き出そうと思っています。大丈夫でしょうか？

　いいえ，大丈夫とはいえません。相談者のかたは，2つの意味で間違った理解をなさっています。
　第1に，生命保険の積立金が仮に「資産」と呼べるものであったとしても，そこから契約者貸付でお金を引き出したからといって，その分，資産の額が減るということにはなりません。なぜかというと，保険から引き出したお金は，その後，銀行へ預けるにせよ，タンス預金として自宅に置き続けるにせよ，資産として持ち続けるわけですから，お金の置き場所が変わるだけだからです。
　第2に，これが大切ですが，そもそも，生命保険は，通常，「介護保険限度額認定制度」を利用するにあたってカウントされる「資産」の額には含まれません。加入している生命保険に解約返戻金があっても，それは，厳密には保険契約者所有の資産ではありません。また，生命保険は，万が一のために備える仕組みですから，これを「介護保険限度額認定制度」の利用可否の判断材料として使うことは，ふさわしくないのです。
　もっというと，契約者貸付による借入金には利息が付くのですから，逆にマイナスになるともいえます。
　このあたりは，「介護保険限度額認定制度」の利用を検討するにあたり，市役所や区役所のスタッフに気軽に聞いてみましょう。詳しく説明してくださるはずです。

第3章 実践しましょう・気をつけましょう

> **予防のヒント** 「介護保険限度額認定制度」を利用するために，安易に生命保険の「契約者貸付制度」に飛びついてはいけません。あらかじめ，市役所や区役所のスタッフに相談しましょう。

〈著者紹介〉

尾関 博之（おぜき・ひろゆき）
- 1963 年　埼玉県に生まれる
- 埼玉県立浦和高等学校を経て
- 1987 年　東京大学教養学部教養学科イギリス科卒業
　　　　　サントリー株式会社入社（経理部，ワイン事業部，上海現地法人等に 18 年間）
- 2008 年　大宮法科大学院大学卒業
- 2010 年　弁護士登録（新 63 期）
- 2014 年　東京都でソリトン法律事務所開設（現在に至る）

〈主要著作〉
『実践 生命保険の要件事実』（信山社，2023 年）
分担執筆『Q＆Aハンドブック生命保険契約――生命保険契約の理論と実務』〔北川隆之責任編集〕（創耕舎，2023 年）

生命保険契約への道しるべ
―― 弁護士によるトラブル予防術 ――

2025(令和7)年3月31日　第1版第1刷発行

著　者　尾関　博之
発行者　今井 貴・稲葉文子
発行所　株式会社 信山社

〒113-0033　東京都文京区本郷 6-2-9-102
Tel 03-3818-1019　Fax 03-3818-0344
info@shinzansha.co.jp
笠間才木支店　〒309-1611 茨城県笠間市笠間 515-3
Tel 0296-71-9081　Fax 0296-71-9082
笠間来栖支店　〒309-1625 茨城県笠間市来栖 2345-1
Tel 0296-71-0215　Fax 0296-72-5410
出版契約 No2025-6802-01011　Printed in Japan

©尾関博之, 2025　印刷・製本／藤原印刷
ISBN978-4-7972-6802-7 C3332 p.140 分類325.400

JCOPY 〈(社)出版者著作権管理機構 委託出版物〉
本書の無断複写は著作権法上での例外を除き禁じられています。複写される場合は，そのつど事前に，(社)出版者著作権管理機構(電話03-5244-5088，FAX03-5244-5089，e-mail: info@jcopy.or.jp)の許諾を得てください。また，本書を代行業者等の第三者に依頼してスキャニング等の行為によりデジタル化することは，個人の家庭内利用であっても，一切認められておりません。

◆ 信山社新書 ◆

タバコ吸ってもいいですか ― 喫煙規制と自由の相剋
　児玉 聡 編著
法律婚って変じゃない? ― 結婚の法と哲学
　山田八千子 編著
くじ引きしませんか? ― デモクラシーからサバイバルまで
　瀧川裕英 編著
悪が勝つのか?
　― ウクライナ、パレスチナ、そして世界の未来のために
　井上達夫 著
ウクライナ戦争と向き合う
　　― プーチンという「悪夢」の実相と教訓
　井上達夫 著
国際紛争の解決方法
　芹田健太郎 著
青少年の政治参加 ― 民主主義を強化するために
　結城 忠 著
危機の時代と国会 ― 前例主義の呪縛を問う
　白井 誠 著
婦人保護事業から女性支援法へ
　　― 困難に直面する女性を支える
　戒能民江・堀千鶴子 著
侮ってはならない中国 ― いま日本の海で何が起きているのか
　坂元茂樹 著
この本は環境法の入門書のフリをしています
　西尾哲茂 著
スポーツを法的に考えるⅠ・Ⅱ
　井上典之 著
東大教師　青春の一冊
　東京大学新聞社 編

信山社

◆ 現代選書シリーズ ◆

現代ドイツの外交と政治（第2版）／森井裕一
ＥＵとは何か(第3版) ― 国家ではない未来の形／中村民雄
ＥＵ司法裁判所概説／中西優美子
ドイツ基本法 ― 歴史と内容／C.メラース 著（井上典之 訳）
環境リスクと予防原則 Ⅰ リスク評価【アメリカ環境法入門1】
　　／畠山武道
環境リスクと予防原則 Ⅱ 予防原則論争【アメリカ環境法入門2】
　　／畠山武道
環境リスクと予防原則 Ⅲ アメリカ環境政策の展開と規制改革
　　―ニクソンからバイデンまで【アメリカ環境法入門3】／畠山武道
女性差別撤廃条約と私たち／林　陽子 編著
原子力外交 ― IAEAの街ウィーンからの視点／加納雄大
韓国社会と法／高　翔龍
基礎からわかる選挙制度改革／読売新聞政治部 編著
社会保障と政治、そして法／中島　誠
年金改革の基礎知識（第2版）／石崎　浩
人にやさしい医療の経済学
　　―医療を市場メカニズムにゆだねてよいか／森宏一郎
首都直下大地震から会社をまもる／三井康壽
大地震から都市をまもる／三井康壽

信山社

〈実践〉生命保険の要件事実

尾関博之 著

◆第1部　生命保険
　第1章　保険給付請求
　第2章　保険契約上の地位確認
　第3章　団体信用生命保険に関する問題
　第4章　原状回復
　第5章　履行利益の確保（履行利益的損害賠償請求）
　第6章　解　除
◆第2部　傷害疾病定額保険
　第1章　傷害定額保険
　第2章　疾病定額保険

信山社